Berichte aus der Pädagogik

Claudia Hellmers

Praxisanleitung in der Hebammenausbildung

Handlungsempfehlungen für Hebammen

Shaker Verlag
Aachen 2002

Die Deutsche Bibliothek - CIP-Einheitsaufnahme

Hellmers, Claudia:
Praxisanleitung in der Hebammenausbildung : Handlungsempfehlungen für Hebammen / Claudia Hellmers.
Aachen : Shaker, 2002
(Berichte aus der Pädagogik)

ISBN 3-8322-0408-3

Printed in Germany.

ISBN 3-8322-0408-3
ISSN 0945-0920

Shaker Verlag GmbH • Postfach 101818 • 52018 Aachen
Telefon: 02407 / 95 96 - 0 • Telefax: 02407 / 95 96 - 9
Internet: www.shaker.de • eMail: info@shaker.de

Vorwort

Dieses Buch ist für alle Hebammen sowie interessierten Leserinnen und Leser entstanden, die Lust dazu haben, sich mit dem Thema „Praxisanleitung" näher auseinander zu setzen. Inhaltlich handelt es sich um meine an der Fachhochschule Münster, Studiengang Pflegepädagogik, von März bis Juni 2001 angefertigte Diplomarbeit, die in der vorliegenden Fassung an einigen Stellen modifiziert wurde.
Die Motivation für diese Arbeit wurde angeregt durch einige Leserbriefe in der Deutschen Hebammenzeitschrift (DHZ), die mich nachdenklich und zugleich auch traurig stimmten.
Bei diesen Leserbriefen handelte es sich um eine Reaktion auf die Ergebnisse einer Studie von REIME und TOMASELLI (2000, 342ff), die sich mit den Belastungen von Hebammenschülerinnen in Deutschland beschäftigte und unter dem Titel „Wohl und Weh der Schülerin" in der DHZ veröffentlicht wurde.
Da die Ausbildung von Hebammenschülerinnen mir in meiner jahrelangen Tätigkeit als angestellte Hebamme in einem Kreißsaal mit angeschlossener Hebammenschule immer sehr am Herzen lag, sind mir sowohl die positiven als auch die schwierigen Aspekte in der Zusammenarbeit vertraut. Um die Schülerinnen professionell und zielgerecht anleiten zu können, besuchte ich ein Tutorinnenseminar und nahm an einer Fortbildung zur „Mentorin im Pflegedienst" teil.
So erschütterten mich die erwähnten Leserbriefe sehr, da sie meines Erachtens von Enttäuschung, Wut und Resignation der Schülerinnen geprägt sind und wenig Raum lassen für positive Erfahrungen in der Hebammenausbildung. Beschrieben wird ein Menschenbild, das völlig konträr zu dem meinen steht und in keiner Weise in Einklang zu bringen ist mit einer familienorientierten Geburtshilfe, die die Hebammen doch so präferieren.
Wo sind die empathischen, professionellen Hebammen, bei denen nicht nur das Wohl von Mutter und Kind, sondern auch das gegenseitige einfühlsame Verstehen und die Fähigkeit und Bereitschaft zur Teamarbeit im Mittelpunkt stehen? Die Schülerinnen von heute sind doch unsere Kolleginnen von morgen, und sie haben sowohl das Recht auf eine zielgerichtete Ausbildung als auch auf eine humane und sensible Begleitung und Unterstützung. Dies muss Regeln und Pflichten keineswegs ausschließen.
Mir ist durchaus bewusst, dass im Rahmen der Zusammenarbeit viele Konflikte auftreten können und es für die anleitenden Hebammen auch sehr enttäuschende und schmerzhafte Augenblicke geben kann. Dennoch überwiegen meiner Ansicht nach die positiven Aspekte in der Zusammenarbeit mit den Schülerinnen. Gemeinsam dürfen wir die uns anvertrauten Frauen und Familien auf ihrem Weg in einen neuen Lebensabschnitt begleiten und beraten und werden dabei angeregt, Ideen auszutauschen, voneinander und miteinander zu lernen, unser Handeln immer wieder neu zu begrün-

den, zu reflektieren und ggf. auch zu modifizieren. Nicht nur im Sinne der Professionalisierung des Hebammenwesens sind dies weitreichende und anzustrebende Elemente.
Ich möchte mich erneut auf den Weg begeben, die Hebammenausbildung zu erkunden und mich selbst und mein Handeln in der Zusammenarbeit mit Hebammenschülerinnen, Hebammen und anderen Berufsgruppen zu reflektieren. Des Weiteren möchte ich versuchen, die Kolleginnen, die an der Ausbildung von Schülerinnen beteiligt sind, zum Nachdenken anzuregen und ihnen Anregungen und Möglichkeiten für eine wünschenswerte Zusammenarbeit aufzuzeigen. Dazu gehört für mich auch, die Kolleginnen zu bestärken, die bereits erfolgreich begonnen haben, neue Wege zu beschreiten. Insgesamt geht es mir keinesfalls darum, ein starres Konzept vorzulegen, das vorbehaltlos umgesetzt werden soll. Vielmehr können diese Ideen und Anregungen nur mit Leben gefüllt werden, wenn es Anleiterinnen gibt, die Lust dazu haben, innovativ und kreativ zu sein. So können Lücken, die auch dieses Buch aufweist, mit Hilfe der Erfahrungen der Expertinnen aus der Praxis geschlossen werden. Für Anregungen, Rückmeldungen und Kritik aus dem Kreise der Leserinnen bin ich daher jederzeit offen und würde mich darüber auch sehr freuen.

Den Mut für diese Form der Veröffentlichung verdanke ich einigen Kolleginnen aus dem Hebammenwesen und vielen Hebammenschülerinnen, die auf Tagungen und durch persönliche sowie telefonische Kontakte ihr starkes Interesse an diesem Thema zum Ausdruck brachten und mir den Wunsch signalisierten, gerne diesbezüglich ein Buch in Händen halten zu können. Ihnen sei an dieser Stelle noch einmal ausdrücklich gedankt. Nicht zuletzt gehören dazu auch meine beruflichen Erfahrungen in der Ausbildung von Hebammenschülerinnen und in der Zusammenarbeit mit Kolleginnen. Durch diese Tätigkeit wurde es mir möglich, viele Anregungen und Ideen zu erhalten. Mein herzlicher Dank gilt zudem allen, die mich während meiner Diplomarbeit begleitet und unterstützt und damit auch zum Gelingen dieses Buches beigetragen haben.

Mein Dank richtet sich insbesondere an:

* Herrn Prof. Dr. Marcellus Stephanus Bonato und Frau Prof. Dr. Friederike Störkel, Fachhochschule Münster / Fachbereich Pflege, für die Betreuung und die Begutachtung der Diplomarbeit und ihre Anregungen bezüglich der Buchpublikation.
* Frau Monika Zoege für den fachlichen Austausch und das Überlassen der anonymisierten Interviews.
* Alle Hebammenschülerinnen, die am Bundeshebammenschülerinnentreffen am 31.03.2001 in Bensberg teilnahmen und ihr großes Interesse und ihre Motivation zur Mitarbeit zeigten.

* Die Studienstiftung des Deutschen Volkes für das Stipendium, insbesondere Herrn Nauels und Frau Irrgang als Referenten und Herrn Prof. Dr. Falter als Vertrauensdozenten.
* Meinen Ehemann Dr. Frank M. Thiesing für seine Geduld und Unterstützung sowie seinen fachlichen Rat hinsichtlich der technischen Details.
* Meinen Bruder Ralf Hellmers für seine konstruktive Kritik.
* Doris Thiesing, Beate Hellmers, Lars Hellmers, Katrin Müller und viele meiner Freunde/Freundinnen für intensive Gespräche und häufiges „Daumendrücken".

Widmen möchte ich dieses Buch meinem Vater Johann Hellmers und meiner im Februar 2001 verstorbenen Mutter Anneliese Hellmers, die meinen persönlichen und beruflichen Werdegang immer unterstützt und befürwortet haben, großes Vertrauen in mich hatten und mir auch in anstrengenden Zeiten immer wieder Mut zu machen wussten.

Ganz besonders meinen Eltern gilt damit an dieser Stelle mein herzliches Dankeschön!

Die Ideen dieser Arbeit möchte ich unter einen Gedanken von Carl Schurz stellen:

„Ideale sind wie Sterne.
Wir erreichen sie niemals,
aber wie die Seefahrer auf dem Meer
richten wir unseren Kurs nach ihnen".
(Carl Schurz)

In diesem Sinne viel Spaß beim Lesen und hoffentlich auch bei der praktischen Umsetzung!

Münster, im Juni 2002 Claudia Hellmers

Die Autorin:

Claudia Hellmers ist Hebamme und Diplom-Pflegewissenschaftlerin (FH). Zur Zeit ist sie als Lehrerin für Hebammenwesen an der Hebammenschule des Klinikums Osnabrück GmbH tätig.

Inhaltsverzeichnis

Abkürzungsverzeichnis

BA e.V. Bundesausschuss der Lehrerinnen und Lehrer für Pflegeberufe e.V.
BDH Bund Deutscher Hebammen
BHSR BundesHebammenSchülerinnenRat
CTG Kardiotokographie
DHZ Deutsche Hebammenzeitschrift
DKG Deutsche Krankenhausgesellschaft
EWG Europäische Wirtschaftsgemeinschaft
HebAPrV Ausbildungs- und Prüfungsverordnung für Hebammen
HebG Hebammengesetz
HGH Hebammengemeinschaftshilfe
HS Hebammenschülerin
MBU Mikroblutuntersuchung
TZI Themenzentrierte Interaktion
WHO Weltgesundheitsorganisation

Abbildungsverzeichnis

Tabellenverzeichnis

1 Einleitung

Der Beruf der Hebamme[1] ist einer der ältesten der Welt. Schon in der mittelalterlichen Heilkunde waren Frauen besonders in der Geburtshilfe und Frauenheilkunde aktiv. Die Hebammen und die *„Heilkundigen Frauen"*, auch *„weise Frauen"* genannt, galten als die *„Ärzte des Volkes"* (BISCHOFF 1994, 33ff). Aufzeichnungen aus dem 16. Jahrhundert zeigen, wie groß das Wissen dieser Hebammen war, und schon damals wurde es den nächsten Generationen überliefert. Die Ausbildung der Hebammen geschah zu jener Zeit mittels der *„Tradierung von Erfahrungswissen"* (SCHERZER 1988, 60ff).
Im Rahmen der Professionalisierungsbestrebungen des Ärztestandes stellt SCHERZER (1988, 42ff) dar, dass die Hebammen immer weiter aus der Heilkunde verdrängt und unter den Kontrollbereich der Ärzte gestellt wurden. Da die *„Buchärzte"* im geburtshilflichen Bereich nur ein geringes Fachwissen besaßen, waren sie darauf angewiesen, sich den Erfahrungsschatz der Hebammen anzueignen. Diese versuchten jedoch, den Ärzten gegenüber ihr Wissen und Können geheim zu halten. Insgesamt wurden die Hebammen in ihren Kompetenzen immer weiter beschnitten, vom akademischen Bildungsweg ausgeschlossen, an Eidesformeln und Strafgesetze gebunden und somit in eine zunehmende Abhängigkeit des Ärztestandes gestellt. Die Wandlung vom *„Hebammenamt"* zum *„Hebammenberuf"* wurde im 18. Jahrhundert vollzogen. Die Ausbildung verlagerte sich an Hebammenschulen, an denen nun Ärzte das Wissensmaß und die Art der Umsetzung kontrollierten (SCHERZER 1988, 42ff).
Das Berufsbild der Hebamme hat sich im Zuge der Gesundheitsreformen und der Professionalisierungstendenzen auch in den letzten Jahren weiter verändert. Als 1985 ein neues Hebammengesetz verabschiedet wurde, ist es der Berufsgruppe gelungen, die ihnen „vorbehaltenen Tätigkeiten" (s. 3.1.1) zu erhalten. Außerdem entfällt seither die „Niederlassungserlaubnis" als Voraussetzung für eine freiberufliche Tätigkeit. Mit dem Erlangen der Berufserlaubnis steht es somit jeder Hebamme offen, angestellt oder freiberuflich tätig zu werden. Das Hebammengesetz von 1985 regelt des Weiteren, dass die Ausbildung *„in staatlich anerkannten Hebammenschulen an Krankenhäusern"* erfolgt (SCHNEIDER 1998, 379ff). Die Kliniken sind somit die Orte der praktischen Ausbildung und dadurch mit einer gesamtgesellschaftlichen Aufgabe betraut (KIRCHNER 1998, 44ff).

[1] Aus stilistischen Gründen wird in dieser Arbeit der Begriff Hebamme benutzt, obwohl seit der Ausbildungs- und Prüfungsordnung für Hebammen von 1981 auch Männern der Zugang zu diesem Beruf eröffnet wurde. Da es sich bei der Berufsgruppe der Hebammen in der Mehrzahl um Frauen handelt, wird die weibliche Form bevorzugt. Des Weiteren wird in der vorliegenden Arbeit auch für die Auszubildenden die weibliche Form und damit der Begriff der Hebammenschülerin gewählt. Dies gilt auch für die Lehrerinnen für Hebammenwesen/Pflegeberufe und die Mentorinnen, Praxisanleiterinnen, Ausbilderinnen etc. Die männliche Form soll als eingeschlossen verstanden werden und wird nicht gesondert aufgeführt.

Die derzeitige Situation der angestellten Hebammen in den Kliniken zeichnet sich aus durch Überstunden, unbesetzte Planstellen und daraus folgenden Überlastungssituationen. Durch die Sparmaßnahmen im Gesundheitswesen wurde Unruhe in die Arbeitswelt der Hebammen gebracht. Zudem fühlen sich viele Angehörige dieser Berufsgruppe nicht anerkannt und durch die Klinikhierarchien in ihrer selbstständigen Arbeit eingeschränkt. Die extreme Belastung führt zu Unzufriedenheit und beeinflusst darüber hinaus die Erfüllung der originären Aufgaben (ALEXNAT 1999, 304; WEIß 1999, 305; BODANOWITZ 2000, 3ff).
Dies ändert nichts an der Tatsache, dass die Hebammen weiterhin den ihnen anvertrauten Frauen, Kindern und Familien gerecht werden wollen und zudem ein Teil der angestellten Hebammen in den Kliniken zugleich für die Ausbildung von Hebammenschülerinnen zuständig und mitverantwortlich ist. Eine Funktion, auf die sie, ähnlich wie das Krankenpflegepersonal, meistens nicht ausreichend vorbereitet werden und für die sie in der Regel wenig Unterstützung erhalten (STASCHEK 1991, 108; BISCHOFF 1993, 13; MENSDORF 1998, 60; SCHMID 2000, 476).
Obwohl eine Studie der Hamburger Sozialforschungsgesellschaft zur *„Mobilität und Veränderungsbereitschaft angestellter Hebammen“* 1997 u.a. ergab, dass die Funktion der Mentorin (Weiterbildung zur Praxisanleitung) die größte Attraktivität bei den leitenden und lehrenden Aufgaben besitzt und fast 70% der veränderungsbereiten Hebammen sich vorstellen könnten, diese Aufgabe zu übernehmen (LANGE 1999, 688ff), erscheint die Zusammenarbeit von Hebammen und Hebammenschülerinnen in den Ausbildungskliniken doch eher problematisch (ZOEGE 1998, 62; REIME, TOMASELLI 2000, 342ff).
REIME und TOMASELLI (2000, 342 ff) versuchten in den Jahren 1992-1997 zu erfassen, welchen Belastungen Hebammenschülerinnen in Deutschland ausgesetzt sind. Sie stellten u.a. fest, dass die Ausbildungssituation von den Schülerinnen als *„fachlich unzureichend“* und *„menschlich entwürdigend“* wahrgenommen wird. Positiv bewerteten die Schülerinnen zum einen *„die Arbeit mit den Frauen und Familien“*, *„die Möglichkeit, an den Aufgaben zu wachsen und Kompetenzen, Selbstvertrauen, Flexibilität oder Eigeninitiative zu lernen“* und zum anderen den bestehenden *„Teamgeist unter den Schülerinnen“*. Als negativste Aspekte wurden die *„Kommunikation zwischen Auszubildenden und Ausbildern“* in Bezug auf inhaltliche und organisatorische Fragen sowie der *„menschenunwürdige Umgangston“*, *„das Gefühl nichts zu lernen und in der Praxis nicht, schlecht oder widersprüchlich angeleitet zu werden“* und der *„fehlende Rückhalt der Schule bei Konflikten im Kreißsaal“* sowie *„die selbst verursachte Pathologie im Kreißsaal“* genannt.
Dieser Veröffentlichung in der Deutschen Hebammenzeitschrift folgten einige Leserbriefe in anonymisierter Form, die das Ergebnis anhand weiterer Erfahrungen unterstützten. Beschrieben wurden u.a. *„fehlender Humanismus“*, eine *„enttäuschende Ausbildung“*, in der die Schülerinnen *„oft als ‚nichts‘ behandelt“* und in der trotz

fehlender Anleitung ihre *„Fehler hoch geahndet“* werden. Außerdem wurde die *„Ausbildung als Kampf“* bezeichnet, in der *„Mobbing“* zum Alltag gehöre und den Schülerinnen das *„(seelische) Rückrad“* gebrochen werden solle (Deutsche Hebammenzeitschrift: anonymisierte Leserbriefe 7/2000, 416; 9/2000, 536; 11/2000, 656).
Die hier dargestellte Schilderung zur Situation in der Hebammenausbildung, die eine hohe Unzufriedenheit seitens der Hebammenschülerinnen zeigt, bildete die Ausgangsmotivation für diese Arbeit. Ein Handlungsbedarf wird an dieser Stelle offensichtlich.
Für die meisten Definitionen von Zufriedenheit gilt, dass sie dem sogenannten *„Confirm/Disconfirm-Paradigma“* entspringen. Dieses besagt, dass Zufriedenheit das Ergebnis eines Vergleiches von Erwartungen (Soll) und der wahrgenommenen Leistung (Ist) ist. Das Ergebnis führt dann zur Erfüllung oder Nichterfüllung der Erwartungen und löst dementsprechend Zufriedenheit oder Unzufriedenheit aus (TÖPFER, MANN 1999, 70). Somit lag es nahe, sich die konkreten Erwartungen von Hebammenschülerinnen, deren Nichterfüllung der Auslöser der Unzufriedenheit sein könnte, einmal anzusehen. Was erwarten die Hebammenschülerinnen ganz konkret von ihren Ausbilderinnen, und wie hoch ist die Ausbildungszufriedenheit?
In der vorliegenden Arbeit wird dieser Fragestellung nachgegangen, um präzise und aktuelle Informationen zu dieser Thematik zu erhalten. Um den Rahmen nicht zu sprengen, wird die Fragestellung auf die praktische Ausbildung und die daran beteiligten Hebammen fokussiert. Die Ergebnisse dieser Informationssammlung zu oben genannter Fragestellung bilden die Basis für die Auswahl der sich anschließenden inhaltlichen Schwerpunkte.
Somit beschäftigt sich dieses Buch mit der Praxisanleitung von Hebammenschülerinnen. Es werden Handlungsempfehlungen für Hebammen erstellt, die an der praktischen Ausbildung von Hebammenschülerinnen beteiligt sind. Diese anleitenden Hebammen sollen die Möglichkeit erhalten, die Erwartungen der Hebammenschülerinnen und deren Wahrnehmung bezüglich der Ausbildungssituation kennen zu lernen und ein Verständnis für ihre Anliegen aufzubauen. Des Weiteren sollen sie in ihrer verantwortungsvollen Tätigkeit unterstützt und motiviert werden.
Die anleitenden Hebammen sollten daran interessiert sein, die praktische Ausbildung professionell zu gestalten und die Schülerinnen auf ihrem Ausbildungsweg gezielt zu begleiten. Mit diesem Verständnis kann die Ausbildung von Hebammenschülerinnen für die examinierten Hebammen zu einer großen Herausforderung werden, an der beide Gruppen gemeinsam wachsen und reifen können.
Die Ideen in dieser Arbeit sollen jedoch nicht dogmatisch umgesetzt, sondern als Anregung und Hilfestellung für die Ausbilderinnen verstanden werden. Dabei stellen ein humanistisches Menschenbild und die Bereitschaft zur Zusammenarbeit im Team die Grundlage dar.

Sowohl die Befragung als auch die sich anschließenden inhaltlichen Schwerpunkte dieses Buches weisen eine gewisse Art von Kundenorientierung zugunsten der Hebammenschülerinnen auf. Dies geschah allein aufgrund der zeitlichen Ressourcen und ist in keiner Weise ein Indiz dafür, dass die Meinung der Hebammen zu dieser Thematik nicht genauso wertvoll und erforschenswert erscheint.
So wurde das vorliegende Buch wie folgt gegliedert. Das 2. Kapitel befasst sich mit der Informationssammlung zur praktischen Hebammenausbildung. Anhand der bereits vorhandenen Literatur und einer qualitativen Gruppenbefragung von Hebammenschülerinnen wird ein Eindruck zur derzeitigen praktischen Ausbildungssituation und den Erwartungen der Hebammenschülerinnen an ihre Ausbilderinnen gewonnen. Im nachfolgenden 3. Kapitel werden die rechtlichen Grundlagen der Hebammentätigkeit und der Hebammenausbildung sowie einige bereits existierende Empfehlungen zur Mentorentätigkeit aufgezeigt. Im Anschluss daran beschäftigt sich das 4. Kapitel mit den Grundlagen für die Gestaltung von Anleitungen, die als Basis für die Empfehlungen zur Praxisanleitung innerhalb der Hebammenausbildung und zur Gestaltung der Zusammenarbeit gedacht sind. Das sich anschließende 5. Kapitel zeigt unter Zuhilfenahme der zuvor dargestellten Theorien entsprechende Empfehlungen für die Praxisanleitung auf. Den Abschluss der Arbeit bildet das 6. Kapitel, das ein Resümee und einen Ausblick hinsichtlich der dargestellten Thematik gibt. An dieser Stelle werden zusammenfassend einige Merkmale zur Praxisanleitung in der Hebammenausbildung formuliert, die thematisch in den vorangehenden Kapiteln erarbeitet wurden. Diese Liste erhebt keinen Anspruch auf Vollständigkeit und soll die anleitenden Hebammen dazu einladen, ihren Vorstellungen entsprechende individuelle Erweiterungen vorzunehmen.

2 Informationssammlung

2.1 Literaturrecherche

Die Recherche in der Datenbank „Carelit" (Version 4.1/99) führte zu zahlreichen Artikeln bezüglich der Ausbildungssituation, der praktischen Anleitung und dem Einsatz von Mentorinnen in der Krankenpflegeausbildung. Die Ausbildungssituation der Krankenpflegeschüler/Krankenpflegeschülerinnen weist viele Parallelen zur Hebammenausbildung auf, auch scheinen die Probleme ähnlich und z.T. sogar identisch zu sein. MAYRING (1999, 23) weist jedoch darauf hin, dass die Ergebnisse aus der humanwissenschaftlichen Forschung zunächst nur für den Bereich gültig sind, in dem sie gewonnen wurden. Ein Transfer erscheint somit, auch aufgrund der unterschiedlichen Berufsbilder, nicht ohne weiteres möglich.

MONNEY HUNKELER (1996 a, 303ff; 1997, 10ff; 1996 b, 265ff; 1996 c, 21ff) führte eine Forschungsarbeit zu den „Ausbilderinnen der Hebammen und ihrer Situation im Spital" durch und beschreibt außerdem das Ausbildungskonzept der Hebammenschule Bern, jedoch erscheint ein Transfer problematisch, da die Ausbildungs- und Berufssituation in der Schweiz eine andere ist als in Deutschland.

Zur Ausbildungszufriedenheit bzw. den Erwartungen der Hebammenschülerinnen in Deutschland waren in den Pflegezeitschriften keine weiteren Quellen zu finden.

Die Durchsicht der Fachzeitschriften „Deutsche Hebammenzeitschrift" der Jahrgänge 1987-2001 und des „Hebammenforums"[2] der Jahrgänge 2000-2001 führte zu der in der Einleitung genannten Studie von REIME und TOMASELLI (2000, 342ff) zu den „Psychosozialen Belastungen der Hebammenschülerinnen in Deutschland" und den bereits erwähnten Leserbriefen als Reaktion darauf. Die beiden Autorinnen erwähnen, dass *„...das Befinden der Hebammenschülerinnen noch im Dunkeln liegt..."*, während die berufliche Situation in der Krankenpflege und bei den Hebammen bereits wissenschaftlich beleuchtet wurde.

Das Thema „praktische Ausbildung" wird in verschiedenen Artikeln der Deutschen Hebammenzeitschrift zwar erwähnt, jedoch geht es darin selten explizit um die Anleitungssituationen bzw. um die Zusammenarbeit von Hebammen und Schülerinnen. Aus diesem Grunde werden nur die Artikel bzw. Arbeiten angeführt, die eine Aussage diesbezüglich zulassen.

1991 wurden von der Hebammengemeinschaftshilfe (HGH), dem Fortbildungsorgan des Bundes Deutscher Hebammen (BDH), erstmals Tutorinnenseminare für Hebammen, die mit Schülerinnen arbeiten, angeboten (STASCHEK 1991, 108). In den darauf folgenden Jahren wird auf die mögliche Teilnahme an Fortbildungen zur Anleitung

---

[2] Aus Gründen der Aktualität wurde die Recherche auf die letzten 15 Jahre beschränkt. Die Zeitschrift „Hebammenforum" ist im Jahr 2000 im ersten Jahrgang erschienen.

von Schülerinnen bzw. zur Weiterbildung zur Mentorin[3] wiederholt hingewiesen (WITTE 1992, 143; BARRE 1997, 284; BINEK, HOFFMANN 2000, 453; CARITAS-AKADEMIE FÜR PFLEGEBERUFE E.V. 2001, 185). Auch der BundesHebammenSchülerinnenRat (BHSR) fordert die Teilnahme der Hebammen an diesen Seminaren bzw. die Verbesserung der Anleitungen im Kreißsaal mehrfach ein (KOETH, KOLFENBACH 1992, 26; KOETH 1993 a, 297ff; KOETH 1993 b, 510f; GÖBEL, KNOBLOCH 1998, 365; OLBRICH 2000, 701f).

ZOEGE (1998, 54) befasste sich 1997 im Auftrag der HGH mit einer „Bestandsaufnahme der qualitativen und äußeren Rahmenbedingungen der Hebammenausbildung in Deutschland". Um eine verlässliche Datengrundlage für die berufspolitische Diskussion zu schaffen, wurde eine schriftliche Befragung an allen (zum damaligen Zeitpunkt) 56 Hebammenschulen durchgeführt (Rücklauf 82%). Diese Erhebung wurde durch einige Interviews an ausgewählten Schulen ergänzt. Die Ergebnisse beinhalten u.a., dass von den Schülerinnen mehr *„Praxisanleitung gewünscht"* wird, die *„PraktikerInnen"* in die Ausbildung einbezogen werden sollen, die *„Ungleichzeitigkeiten"* und *„Gegensätze"* von Theorie und Praxis problematisch erscheinen, *„allgemeinverbindliche Lernziele und Tätigkeitskataloge"* gefordert werden und die Ausbildung aus ihrer Sicht verstärkt im Kreißsaal, der Schwangerenvorsorge und in der Freiberuflichkeit stattfinden sollte (ZOEGE 1997, 103).

Auf der Suche nach sogenannter „grauer Literatur", d.h. Forschungsberichte, Schriftenreihen, Scripte etc., die nicht veröffentlicht sind und daher leicht übersehen werden, aber sehr aufschlussreich sein können (BORTZ, DÖRING 1995, 336f), wurde u.a. ein Kontakt zu Frau Zoege hergestellt. Da die von ihr durchgeführten Interviews, deren Ergebnisse oben zitiert wurden, auch für die Fragestellung dieser Arbeit interessant erschienen, entstand die Idee zur Nutzung dieser Datenquelle. Dies schien auch unter forschungspraktischen Gesichtspunkten wünschenswert, da die meisten Datensätze sich auf mehrere Fragestellungen beziehen und eine Kooperation somit nützlich sein kann (BORTZ, DÖRING 1995, 346). Frau Zoege bot daher eine Einsicht in die anonymisierten Interviews an.

---

[3] Für die Definition der Begrifflichkeiten wird in dieser Arbeit der Begriff „Mentorin" für die Hebammen benutzt, die an einer entsprechenden Weiterbildung zur Anleitung von Schülerinnen teilgenommen haben. Eine Abgrenzung zur Praxisanleiterin findet nicht statt. Allgemein wird weiterhin von Ausbilderinnen, Anleiterinnen oder anleitenden Hebammen die Rede sein. Damit sind alle Hebammen gemeint, die an der praktischen Ausbildung der Schülerinnen beteiligt sind, einschließlich der Mentorinnen. Der Begriff „Praxisanleitung" bezieht sich in dieser Arbeit sowohl auf kurzfristig als auch auf langfristig geplante Anleitungssituationen und beinhaltet auch die kontinuierliche Anleitung und Begleitung der Schülerinnen während der praktischen Ausbildung.

2.2 Teilstandardisierte qualitative Interviews

Nach LAMNEK (1995 Band 2, 35f) erlangt das qualitative Interview immer größere Bedeutung und ist u.a. deshalb beliebt, weil *„... die Informationen in statu nascendi aufgezeichnet werden können, unverzerrt authentisch sind, intersubjektiv nachvollzogen und beliebig reproduziert werden können ...“*. Es handelt sich dabei um eine asymmetrische *„... Gesprächssituation, die bewusst und gezielt von den Beteiligten hergestellt wird, damit der eine Fragen stellt, die vom anderen beantwortet werden“*. Darüber hinaus gibt es vielfältige Interviewformen, die an dieser Stelle nicht einzeln aufgeführt werden können, und deren Terminologie zudem nicht einheitlich verwendet wird (LAMNEK 1995 Band 2, 36).

ZOEGE (1997, 11) betrachtet die von ihr durchgeführten Interviews als *„Experteninterviews“*. Dies entspricht wohl dem von LAMNEK (1995 Band 2, 38) beschriebenen *„informatorischen Interview“*. Es dient laut LAMNEK

> *„...der deskriptiven Erfassung von Tatsachen aus den Wissensbeständen der Befragten. In dieser Form des Interviews wird der Befragte als Experte verstanden, dessen Fachwissen verhandelt wird. Der Befragte ist Informationslieferant für Sachverhalte, die den Forscher interessieren“*.

Die Interviews von ZOEGE weisen eine teilstandardisierte Form auf, d.h., während der Befragung wurde ein Leitfaden mit offenen Fragen benutzt. So bestand die Möglichkeit, die Fragen je nach Gesprächssituation abzuwandeln oder zu vertiefen.

2.2.1 Auswertung

Zum Vorgehen der Auswertung in der qualitativen Sozialforschung schreibt LAMNEK (1995 Band 2, 114ff), dass es *„... keinen Konsens über eine bestimmte anzuwendende Analysemethode ...“* gibt. Für die Verallgemeinerung der Ergebnisse gibt er an, dass diese *„...über das Typische, über Repräsentanz und nicht über Repräsentativität erreicht“* wird. Dies gilt auch für die Auswertung der vorliegenden Interviews, die keinen Anspruch auf Repräsentativität erheben, jedoch durchaus eine Meinung für die Gruppe der Hebammenschülerinnen repräsentieren. Weiterhin beschreibt er, dass auch die qualitative Sozialforschung daran interessiert ist, Beiträge zu generalisieren, jedoch soll die *„Originalität der Einzelbeiträge“* dabei nicht verloren gehen (LAMNEK 1995 Band 1, 197). Die vorliegende Auswertung versucht, dies zu berücksichtigen, indem eine Zusammenfassung der Beiträge erfolgt, die mit ausgewählten Originalzitaten[4] belegt wird.

Aufgrund der zeitlichen Ressourcen werden für die Auswertung nur die Ausschnitte der Interviews berücksichtigt, die Informationen zur Fragestellung geben können.

---

[4] In der Auswertungsphase wurden sowohl die Zitate der qualitativen Interviews als auch die Ergebnisse der qualitativen Gruppenbefragung behutsam an die Regeln der neuen Rechtschreibung angepasst. Es erfolgte jedoch keine Korrektur hinsichtlich der Grammatik.

Insgesamt lagen 14 Interviews mit Hebammenschülerinnen aus 14 verschiedenen Schulen in transkribierter Form vor, deren Auswertung im Folgenden dargestellt wird.

2.2.2 Ergebnisdarstellung

Die **praktische Anleitung** im Kreißsaal findet durch die dort tätigen Hebammen, aber in vielen Fällen auch durch die Schülerinnen aus den höheren Kursen statt. Folgende Zitate der Hebammenschülerinnen sollen dies verdeutlichen:

- *„...und machen dann eine Entbindung oder einen Dienst eben zugeordnet zu einer Hebamme...die leitet uns dann eben auch an..." (Interview HS 4).*

- *„...heute machen sie mit mir die Geburt, dann macht die alles, dann kann ich sie alles fragen, und es ist eigentlich auch jede Hebamme für Fragen offen (...) dass wir viel von den älteren Kursen, die da sind, auch mit angeleitet werden..." (Interview HS 8).*

- *„Und haben uns unheimlich viel von den Schülerinnen abgucken müssen, also es war dann wohl mal die eine oder andere Hebamme (...) aber Anleitung von den Hebammen ist wenig..." (Interview HS 9).*

- *„Also es ist grundsätzlich so, dass wir von den Schülern angeleitet werden, also ziemlich selten von Hebammen, und wenn, auch gar nicht auf freiwilliger Ebene von denen, sondern wirklich, wenn man gezielt was fragt, oder wenn überhaupt, dann mit diesem erhobenen Finger..." (Interview HS 14).*

Hier und im weiteren wird deutlich, dass die **Motivation zur Anleitung** stark vom Engagement der einzelnen Anleiterin abhängt:

- *„Es gibt einige, die sich richtig engagieren" (Interview HS 1).*

- *„Es gibt da wirklich hochmotivierte Hebammen, die einem sehr viel beibringen..." (Interview HS 10).*

- *„Aber es gab einfach auch Tage, wo dann keine Anleitung lief (...) es ist halt doch sehr personenzentriert..." (Interview HS 12).*

- *„Aber da müssen wir dann zum Teil richtig drum bitten oder betteln..." (Interview HS 4).*

- *„...hatten ja von nichts ´ne Ahnung und da haben die Hebammen einen wirklich auch so stehen lassen am Anfang..." (Interview HS 13).*

Während eine starke **Eigeninitiative** der Schülerinnen in vielen Fällen erforderlich zu sein scheint, unterscheiden sich außerdem auch die Vorstellungen darüber, wie eine Anleitungssituation aussehen kann:

- *„...da muss man sehen, dass man selber Sachen lernt... . Einige sind, ja, die sind gut gewillt, einem Sachen zu erklären und zu zeigen, aber das meiste muss man sich eigentlich selber holen, mal nachfragen und sich erklären lassen und so was (...) man hat da schon einen großen Teil Eigenverantwortlichkeit, sich selber ´ne gute Ausbildung zu verschaffen" (Interview HS 3).*

- *„Also es kommt wieder sehr auf die Hebamme drauf an...dass man als Schülerin immer nachfragen muss oder auch immer sagen muss, ich möchte gerne das und das machen...also wir müssen da schon drauf drängen, dass das kommt..." (Interview HS 7).*

- *„...dass sie uns machen lassen, mit uns was besprechen, aber auch viel zuschauen, aber direkte Anleitungen gibt´s eigentlich nicht" (Interview HS 3).*

- *„... und wir schauen den Hebammen dann meist über die Schulter, wie man das macht, und wir fragen, wir machen das dann auch selber, wo die Hebammen dabei sind und wo sie dann danach mit uns reden..." (Interview HS 8).*

- *„...ich hab sehr gute Erfahrungen gemacht mit der Anleitung, dass mich ´ne Hebamme direkt unter ihre Fittiche genommen hat..." (Interview HS 12).*

- *„Ich fühle mich sehr schlecht angeleitet, das macht immer jeweils die Hebamme, mit der ich arbeite, und dann liegt es halt sehr stark an der Hebamme, wie die anleitet, also bis jetzt bin ich eigentlich nur hinterhergelaufen und hab´ geguckt" (Interview HS 5).*

In einigen Kliniken werden bereits **Mentorinnen** oder **Praxisanleiterinnen** eingesetzt und zum Teil positiv erwähnt. Allerdings scheint die Ausübung dieser Tätigkeit nicht immer eindeutig definiert zu sein. Des Weiteren gibt es in einigen Ausbildungskreißsälen Tätigkeitskataloge:

- *„...und im dritten Jahr hat man dann eben die Mentorinnen...wer eben Glück hatte, hatte mit seiner Mentorin mal Dienst..." (Interview HS 6).*

- *„...Praxisanleiterinnen...ich weiß auch schon ein paar Tage vorher, dass sie kommt (...) die Praxisanleitung ist auf jeden Fall eine sehr große Hilfe..." (Interview HS 10).*

- *„Das soll wohl eine meine Mentorin sein, ich durchschaue das noch nicht so ganz...mit der habe ich fast noch am wenigsten gearbeitet..." (Interview HS 5).*

- *„...Durchführungspläne gibt, anhand denen man einfach ganz klare Tätigkeiten aufstellt, von verschiedenen Ausbildungsständen her..." (Interview HS 2).*

- *„Ja, wir haben solche Tätigkeitsnachweise..." (Interview HS 8).*

- *„Wir haben so ´ne Art Tätigkeitskatalog..." (Interview HS 14).*

Die **Zusammenarbeit** wird in den verschiedenen Schulen von den Schülerinnen unterschiedlich wahrgenommen. Betont werden besonders die hierarchischen Strukturen, die sich negativ auf die Zusammenarbeit auswirken:

- *„...großes Hierarchiebewusstsein (...) darunter leiden auch die Schüler..." (Interview HS 2).*

- *„...diese Hierarchie-Strukturen finde ich manchmal also annähernd militärisch (...) gerade als Schülerin stehst Du ganz unten, an letzter Stelle..." (Interview HS 1).*

- *„...und dann so in diese Hierarchie, die ich so abgrundtief hasse..." (Interview HS 9).*

In einigen Kreißsälen gibt es die sogenannten **Bezugs- oder Vertrauenshebammen**, die oft positiv beurteilt werden. Die Tatsache, sich durch den permanenten Dienstwechsel auf viele Hebammen einstellen zu müssen, wird als schwierig erlebt:

- *„...im neuen Unterkurs, die haben jetzt jeder ´ne Hebamme, die für sie zuständig ist, wo sie im ersten Einsatz einfach fast alle Dienste gemeinsam machen" (Interview HS 3).*

- *„...dass wir jeweils vor dem Einsatz mit der Hebamme, die für uns zuständig war...einen Rundgang durch den Kreißsaal gemacht haben..." (Interview HS 9).*

- *„Da hatten wir halt ´ne Bezugshebamme... das hat mir am Anfang unheimlich geholfen..." (Interview HS 11).*

- *„...da habe ich mich nun von der Hebamme sehr an die Hand genommen gefühlt, aber das war nun auch eine Vertrauenshebamme von unserem Kurs..." (Interview HS 12).*

- *„Ja, kann man froh sein, wenn man mal vier, fünf Dienste mit einer gemeinsam hat in sechs Wochen" (Interview HS 3).*

- *„...immer mit anderen Hebammen arbeiten (...) hier erwartet jede Hebamme, dass wir uns ihrem Arbeitsstil anpassen..." (Interview HS 4).*

- *„...man müsste sich nach jeder Hebamme richten...damit man nicht mit jeder Hebamme zusammenfährt, das ist also ziemlich schwierig oft" (Interview HS 6).*

- *„...damit man´s den Hebammen recht macht...und das fordert natürlich ziemlich viel Konzentration, um wirklich deren Ansprüchen gerecht zu werden" (Interview HS 14).*

Einige Zitate zeigen die Unsicherheit der Schülerinnen sowie die fehlende **Kommunikation** und den Mangel an **Akzeptanz** durch die Hebammen:

- *„...das war eben sofort kaltes Wasser, weil wir hatten keine Ahnung, die Hebammen haben gesagt, was wollt denn ihr hier? Ihr bringt nichts, also es ist ja nur rumstehen und das können sie ja gar nicht vertragen..." (Interview HS 6).*

- *„...die Kreißsaalhebammen empfinden einfach die Schülerinnen als Last (...) dadurch dass wir als Schülerinnen da mitgehen, haben sie wie gesagt immer diesen Rechtfertigungsdrang...dass sie viel eher mit ihrer Arbeit fertig sein könnten, wenn wir jetzt nicht daneben stünden..." (Interview HS 4).*

- *„...alles, was so´n bisschen unangenehm ist, das machen alles die Schülerinnen" (Interview HS 4).*

- *„...rotieren, also wirklich, dann wird man hin- und hergeschickt...wenn man dann nicht schnell genug ist, gibt´s noch einen drauf" (Interview HS 14).*

- *„...dass ich auch manchmal wirklich keine Lust habe...wenn viel los ist, ich dann einfach oft nicht weiß, wo ich hinrennen und was ich machen soll (...) aber wenn das dann so chaotisch wird, dann ist man als Schüler zurückgestellt und steht nur im Weg...da fühle ich mich wirklich so unsicher" (Interview HS 8).*

Die **Zusammenarbeit** und auch die **Kommunikation** ändern sich nach den folgenden Angaben im Laufe der Ausbildung. Während das erste Ausbildungsjahr in den meisten Fällen als schwierig und wenig lehrreich dargestellt wird, steigen die Akzeptanz, jedoch auch die Erwartungshaltung an die Schülerinnen, mit zunehmendem Ausbildungsstand:

- *„...ein Jahr war für die Katz bei uns, also was wir da gemacht haben, wir haben im Kreißsaal CTGs geputzt und durften uns die Schränke angucken" (Interview HS 1).*

- *„...die haben schon ein bisschen Probleme damit, dass ich noch nichts kann" (Interview HS 5).*

- *„...dass man im 1. und 2. Lehrjahr anders behandelt wird (...) dieses Diskriminieren oder amoralisiert werden (...) weil man halt soviel putzt am Anfang" (Interview HS 2).*

- *„...es ist schon zu merken, dass eine Veränderung da ist von der Atmosphäre her, also so nicht mehr Unterkurs zu sein Die Leute gucken plötzlich wie man heißt (...) es ist am Anfang sehr, ja angstbehaftet, weil die teilweise also zurückgelehnt und Arme verschränkt und dann gucken sie mal, was man denn jetzt ordentlich falsch macht (...) Also für mich...ich muss da durch die drei Jahre (...) es geht jetzt* *langsam nach einem Jahr, und es war also mehr so die Hölle (...) Also es ist so´n äußeres Abstumpfen, damit ich das aushalte und innerlich aber immer wieder Rebellion..." (Interview HS 9).*

- *„Und da muss man sich am Anfang schon hart durchbeißen, bis man mal eine Systematik hinter den Dingen erkennt und wo man sich dran halten kann, wo man was machen kann..." (Interview HS 10).*

- *„Darf man plötzlich mit denen zusammen frühstücken...wird auch nicht mehr so angeschrien oder man wird nicht mehr so zurechtgewiesen, man darf selbstständiger arbeiten ...wird auch mal um die eigene Meinung gefragt..." (Interview HS 14).*

- *„... wo wir jetzt im dritten Kurs sind, da wird erwartet, dass wir das können" (Interview HS 4).*

- *„...so dong, ihr seid jetzt Oberkurs, jetzt müsst ihr alles können, das kann passieren und andere wiederum, die behandeln einen wieder als wäre der erste Tag da" (Interview HS 13).*

Zudem differieren die **Kommunikationsstrukturen**. Einige Schülerinnen berichten von einer gelungenen Kommunikation, andere erleben fehlende Rückmeldungen und Missverständnisse:

- *„...von daher ist die Kommunikation sehr gut...es wird auch über alle Probleme gesprochen..." (Interview HS 7).*

- *„Ja, mit manchen Hebammen, die fragen dann, also wir haben halt eine, die ist so für unsere Psyche, Seele zuständig (...) sie haben halt immer ein Ohr offen im Prinzip, also sie fragen einen oft nicht von alleine, weil sie soviel zu tun haben, aber wenn man dann hinkommt...dass sie einen dann schon aufbauen und sagen, hör zu, es war nicht deine Schuld und man drüber sprechen kann..." (Interview HS 8).*

- *„...da ist aber auch die Hebamme danach am nächsten Tag zu mir gekommen und hat gesagt, es hätte ihr auch Leid getan..." (Interview HS 1).*

- *„...im Prinzip aufgefangen werden von den Hebammen, die bei uns eigentlich auch sehr freundlich...sind (...) ...dass man nach der Geburt noch mal drüber spricht und das auch sehr häufig von der Hebamme kommt" (Interview HS 11).*

- *„...dass sich einige Hebammen sehr bemühen und auch von sich aus auf mich zukommen..." (Interview HS 12).*

- *„...mich immer wieder frustet zwischen Menschen ist einfach dieses durch Missverständnisse...“ (Interview HS 2).*
- *„...unangenehmes Erwachen hat, weil dann...zur Sprache kommt, dass die Hebamme viel mehr erwartet hat, und mir das in dem Moment gar nicht so klar war, weil es vorher nicht abgesprochen war (...) Wir müssen manchmal, wenn wir ´ne Rückmeldung haben wollen, so bohren“ (Interview HS 4).*
- *„...dann kriegt man von der Hebamme noch eins auf den Deckel, weil man sich eben getraut hat, überhaupt noch was zu sagen (...) wenn man ´ne wichtige Frage stellt, also es wird sich kein bisschen Mühe gegeben, dass man wirklich mal ernst genommen wird...“ (Interview HS 6).*
- *„...man muss halt immer aufpassen, wer wem was wie sagt (...) aber es ist so keine einheitliche Regelung (...) gehe ich jetzt hin und frag noch mal, kriege ich auch einen Anschiss...“ (Interview HS 9).*
- *„...die würde einen nie anschreien oder so, aber die sagt das mit so einer Bestimmtheit, so einer ruhigen Art, das ist viel schlimmer...die kann einem ganz langsam sagen, sie sind echt lahmarschig, keine Hebamme will mit ihnen zusammenarbeiten...halt dieses Fertigmachen“ (Interview HS 14).*

An einigen Stellen wird aber auch **Zufriedenheit** seitens der Schülerinnen signalisiert:

- *„...ich bin halt zufrieden (...) als Azubi ist es in Ordnung...“ (Interview HS 2).*
- *„So, ich hab da nicht so große Probleme jetzt mit dem Kreißsaal“ (Interview HS 3).*
- *„...was die Ausbildung in der Hinsicht betrifft...ist man schon ganz gut (...) Ich denke, unser Haus bringt ´ne gute Ausbildung mit sich“ (Interview HS 8).*
- *„Im Kreißsaal muss ich sagen, fand ich es eigentlich sehr gut, so die Anleitung...“ (Interview HS 13).*
- *„...dass man uns sehr viel zugetraut hat, und dass man uns sehr viel hat machen lassen, das finde ich sehr gut“ (Interview HS 11).*

Zudem lassen sich einige **Erwartungen,** die sich vorwiegend auf die Zunahme der Anleitung und die Akzeptanz und Unterstützung der einzelnen Persönlichkeit beziehen, erkennen:

- *„...ich bräuchte irgendwie oft eine Hilfestellung, in dem das aushalten zu können, was so Klinikalltag ist (...) Bestätigung zu kriegen (...) auch ´ne gute Anleitung, also einfach durch Vorbilder noch mal zu kriegen (...) dass einfach eine stärkere*

Vereinheitlichung, ´ne stärkere Kontrolle da ist (...) das sollte stärker betont werden, also diese ganze Persönlichkeitsentwicklung" (Interview HS 1).

- *„...dass ich mich ernst genommen fühle in dem, dass ich mein Ziel, ´ne engagierte, wie auch immer, ´ne kompetente Hebamme zu werden, dass das erreicht werden kann (...) dass man für die persönliche Situation des Einzelnen Verständnis bekommt" (Interview HS 2).*
- *„...sagen wir mal für vier Wochen möglichst nur einer Hebamme zugeordnet ist (...) Nee, ich würd´ mir schon noch mehr Anleitung und irgendwo eine Reflexion wünschen" (Interview HS 4).*
- *„...wo man auch mal eine Frage stellen kann...wäre schon nicht ganz schlecht, wenn da jemand wäre" (Interview HS 5).*
- *„...diese Praxisanleitung, das würde ich mir eigentlich wünschen" (Interview HS 14).*
- *„Dass ich mir einfach wünsche, dass noch mehr Praxisanleitung da wäre..." (Interview HS 10).*

Ein weiterer Punkt, der in den Interviews sichtbar wird, ist die häufig fehlende Kommunikation mit der Hebammenschule bzw. die mangelnde **Theorie-Praxis-Verknüpfung**:

- *„...das sagen die Lehrhebammen auch dazu, wir wissen, dass das unten im Kreißsaal etwas anders gemacht wird..." (Interview HS 1).*
- *„...wo wir halt in der Schule irgendwelche Sachen lernen und die dann im Kreißsaal absolut nicht so ablaufen..." (Interview HS 3).*
- *„...und der Kreißsaal der lästert darüber, wird richtig abgelästert... . Ob wir unser Examen in der Theorie später nur machen wollen (...) in der Schule müsst ihr euch ja dran halten, aber eigentlich macht man es anders (...) Konkurrenz besteht zwischen Schule und Kreißsaal" (Interview HS 4).*
- *„...bin schon ganz verwirrt...denen im Krankenhaus überhaupt nichts mehr zu glauben...ich gar nicht mehr weiß, was jetzt richtig ist und was nicht" (Interview HS 5).*
- *„...also da fehlt die Absprache (...) wir sollen`s selbst sagen...was wir machen können...aber es kommt nicht bei allen Hebammen an..." (Interview HS 6).*
- *„...dass einfach noch mehr Austausch zwischen praktisch und theoretisch laufen müsste..." (Interview HS 10).*

- *„Weil der Kreißsaal und die Schule ziemlich große Konflikte haben (...) dass nicht abgesprochen ist zwischen...Theorie und Praxis, was jetzt gemacht werden darf" (Interview HS 14).*

Ausgehend von diesen Informationen, die sowohl positive als auch negative Aspekte sichtbar werden lassen, bleibt es interessant, etwas über die derzeitige Ausbildungszufriedenheit und die aktuellen Erwartungen der Hebammenschülerinnen zu erfahren.

2.3 Gruppenbefragung des BundesHebammenSchülerinnenRates

Um der Frage nachgehen zu können, welche Erwartungen Hebammenschülerinnen in ihrer praktischen Ausbildung derzeit an ihre Ausbilderinnen haben, sah ich das für Ende März 2001 geplante Treffen des BundesHebammenSchülerinnenRates (BHSR) in Bensberg als geeignetes Forum an. Es wurde ein Kontakt zu einer der beiden Bundesdelegierten hergestellt. Diese ermöglichten es mir, mit meinem Anliegen in die Agenda ihres Treffens aufgenommen zu werden.

2.3.1 Definition des BundesHebammenSchülerinnenRates

Der BundesHebammenSchülerinnenRat (BHSR) wurde im Juli 1982 gegründet und ist die *„Vereinigung der Hebammenschülerinnen"* in Deutschland. Es handelt sich dabei um eine Art *„Schülerinnen-Parlament"* oder *„Schülerinnenmitverwaltung"*. Der BHSR sieht sich als Plenum der Hebammenschülerinnen in Deutschland und arbeitet unabhängig von Verbänden. Er dient als *„Sprachrohr aller Schülerinnen"* und bildet ein *„Netzwerk für Informationen"*. Gemeinsames Ziel ist es, an der Verbesserung der Ausbildungsbedingungen zu arbeiten (BHSR 1996, 390; BHSR 2001, 1f).

Pro Hebammenschule können je zwei Schülerinnen als stimmberechtigte Mitglieder des BHSR ernannt werden und an den drei bis vier Mal jährlich stattfindenden Ratstreffen des BHSR teilnehmen. Auch die anderen Schülerinnen, die sich für die berufspolitische Arbeit interessieren, sind zu diesen Treffen willkommen. Als Ansprechpartnerinnen für Verbände etc. werden zwei Bundesdelegierte für den BHSR gewählt, die der Geschäftsstelle des Berufsverbandes der Hebammen, dem Bund Deutscher Hebammen (BDH), in Karlsruhe bekannt sind. Diese beiden Bundesdelegierten fungieren als Bindeglied zwischen dem BHSR und dem BDH. Aus diesem Grunde werden sie u.a. zu den Tagungen der Lehrerinnen für Hebammenwesen und den Tagungen der Bundesdelegierten des BDH eingeladen. Dort erhalten sie Informationen, bekommen Redezeit und sind an wichtigen Entscheidungen beteiligt, da sie als BDH-Mitglied mit jeweils einer Stimme stimmberechtigt sind. Finanziell werden sie außerdem vom BDH unterstützt (BHSR 2001, S.1f).

2.3.2 Qualitative Gruppenbefragung mittels Moderationsmethoden

Die *„Moderationsmethode“* lässt sich nach BORTZ und DÖRING (1995, 294f) für Forschungszwecke im *„explorativen Bereich“* nutzen. Sie ist einsetzbar, wenn Gruppen gemeinsam lernen und arbeiten, hat ein typisches Einsatzfeld in der Erwachsenenbildung und Unternehmensentwicklung und eignet sich somit auch zur Strukturierung von Gesprächsrunden. Die Vorteile der Moderationsmethode liegen nach Meinung der Autoren u.a. darin, dass die Teilnehmer mehr Aktivität zeigen, einen größeren Lernzuwachs erhalten und mehr Freude an der Erarbeitung haben. Zusätzlich erwerben sie Metawissen z.B. über die Strukturierung von Problemfeldern sowie Schlüsselqualifikationen wie die Konfliktlösungsfähigkeit und die Teamfähigkeit. Die einzelnen Arbeitsschritte werden einer Planung, Strukturierung und Visualisierung unterzogen, wobei auf eine gleichberechtigte Beteiligung der Teilnehmer geachtet werden soll. LAMNEK (1995 Band 1, 48) gibt für die Exploration an, dass diese nicht an bestimmte Techniken gebunden ist, sondern alle Vorgehensweisen, die ethisch akzeptiert werden können, eingeschlossen sind.

Die genannten Kriterien und die Zeitressource von ca. zwei Stunden, die zur Bearbeitung der Fragestellung während des BHSR-Treffens zur Verfügung standen, führten zu meiner Entscheidung, mittels Moderationsmethoden einen Eindruck zur Zufriedenheit der Hebammenschülerinnen zu erhalten und ihre Erwartungen an die praktische Ausbildung zu erfassen. Des Weiteren war es in dieser Form möglich, eine Interaktion zwischen der Moderatorin und den Schülerinnen herzustellen, wobei Wert darauf gelegt wurde, die von einer Moderatorin erwartete und geforderte Haltung zu bewahren. Dies bedeutet in Anlehnung an NISSEN (1996, 7), dass die Gruppe nicht inhaltlich, sondern methodisch geleitet wurde. Als Moderatorin bewertete ich somit die Meinung der Gruppe nicht, nahm meine eigene Meinung zurück und versuchte, die Gruppe zu aktivieren. Außerdem wurde ein einladendes Ambiente geschaffen und empathisches Verstehen signalisiert, um eine positive Arbeitsatmosphäre zu gewährleisten.

2.3.3 Planung und Durchführung der Methoden

Während des Planungsprozesses für die Kurzmoderation wurden folgende Methoden ausgewählt, deren gezielter Einsatz an dieser Stelle begründet und die in ihrer Durchführung kurz erörtert werden sollen.

Einstieg: Blitzlicht

Für den Einstieg wurde die „Blitzlicht-Methode“ gewählt, um die Möglichkeit zu erhalten, einen ersten Kontakt mit der Gruppe herzustellen und einen Eindruck von der Gruppenkohäsion und der Gruppenatmosphäre zu gewinnen. Das *„Blitzlicht“* bietet jeder Teilnehmerin die Möglichkeit, der Gruppe die eigenen Gefühle, Wünsche, Befürchtungen oder Gedanken in komprimierter Form mitzuteilen. Es befriedigt das

Bedürfnis nach Transparenz im Gruppenprozess und fördert die weitere Interaktion, da wichtige Gedanken mitgeteilt werden dürfen, die unausgesprochen evtl. als Blockade wirken könnten (VOPEL 1992, Teil 2, 30). So wurde im Anschluss an die Begrüßung der Teilnehmerinnen und der Darstellung meiner Intentionen sowie einem kurzen Überblick zu meinem Lebenslauf die Kurzmoderation mit einem Blitzlicht begonnen. Abweichend von der Planung nutzten die Teilnehmerinnen das Blitzlicht, um ihre Gefühle zu ihrer derzeitigen Ausbildungssituation zu beschreiben. Obwohl dies zu einem größeren Zeitverzug führte, ließ ich die Schülerinnen diese Phase nutzen, um unsere weitere Interaktion nicht durch eine Begrenzung der Redezeit zu gefährden. Des Weiteren bot sich mir dadurch die Möglichkeit, die hohe Bedeutung und die Brisanz dieser Thematik zu erfassen. Die Schülerinnen zeigten sich sehr aufgeschlossen und signalisierten deutlich ihre Bereitschaft zur Mitarbeit. Außerdem waren sie dankbar für ein Forum, in dem sie ihre Emotionen schildern konnten.

Erarbeitung 1: Gefühlsskala Ausbildungszufriedenheit, Einpunktabfrage

Für den Beginn der Erarbeitungsphase wurde eine „Gefühlsskala" zu der Frage der Ausbildungszufriedenheit vorbereitet, um ein erstes Meinungsbild einzuholen. Mittels eindimensionaler *„Einpunktabfrage"* wurde auf einer kontinuierlichen Skala von 0% bis 100% gepunktet. So ließ sich eine Transparenz der Gruppensituation in sehr kurzer Zeit erfassen (BORKENHAGEN 1996, 12f).

Erarbeitung 2 a: Kartenabfrage Erwartungen

Der zweite Teil der Erarbeitungsphase stellte den Schwerpunkt der Informationssammlung dar. Es wurde das Ziel verfolgt, die Erwartungen der Hebammenschülerinnen an ihre Ausbilderinnen zu ermitteln, um mit diesen Informationen eine Basis für die inhaltliche Gestaltung dieser Arbeit zu erhalten. An dieser Stelle sah ich die *„Kartenabfrage"* als wirksames Instrument an, da sie sich gut zur Sammlung von Informationen und Erklärungen eignet (LIPP, WILL 2000, 76) und Ideen, Standpunkte sowie Meinungen damit schnell und für alle sichtbar erfasst werden können. Des Weiteren werden mit dieser Methode alle Gruppenmitglieder in die Erarbeitung einbezogen (BORKENHAGEN 1996, 1). So können die verschiedenen Sichtweisen und Blickwinkel der einzelnen Teilnehmerinnen in den Prozess einfließen (LIPP, WILL 2000, 109) und das Gruppenergebnis bereichern. Da die Formulierung der **Frage** einen entscheidenden Einfluss auf die konkrete Beantwortung der Fragestellung hat (BORKENHAGEN 1996, 1), entschloss ich mich, diese möglichst weitgehend zu fokussieren. So bezog sie sich ganz konkret auf die **Erwartungen der Hebammenschülerinnen an die Hebammen, die an der praktischen Ausbildung beteiligt sind**. Um die Kartenanzahl zu begrenzen und die Wiederholungen geringer zu halten, füllten die Teilnehmerinnen die Karten in Kleingruppen aus. Gleichzeitig konnte damit ein Austausch in der Gruppe erreicht werden. Die ausgefüllten Karten wurden eingesammelt, gemischt, einzeln vorgelesen und anhand der Entscheidung der Gruppe

„geclustert". Anschließend wurden die einzelnen *„Cluster"* mit Oberbegriffen versehen (LIPP, WILL 2000, 78ff).

Erarbeitung 2 b: Priorisierung der Kartenabfrage, Mehrpunktabfrage

Um zu erfassen, welche Erwartungen aus der Sicht der Schülerinnen die höchsten Prioritäten aufweisen, bestand der nächste Arbeitsschritt aus einer *„Mehrpunktabfrage"* (BORKENHAGEN 1996,13). Hier wurde gewichtet und dokumentiert, wo die höchsten Erwartungen der einzelnen Schülerin liegen und an welcher Stelle aus ihrer Sicht vorrangig Verbesserungen notwendig wären (LIPP, WILL 2000, 80ff).

Erarbeitung 3: Satz-Graffitti

Im Anschluss an die Kartenabfrage wurde in Kleingruppen ein *„Satz-Graffitti"* durchgeführt. Es eignet sich dazu, der Leitung der Gruppe zu zeigen, welche Erwartungen die Gruppenmitglieder haben und wo sie emotional stehen (VOPEL 1992, Teil 1, 12). Während der Moderation wurde diese Methode zum Zweck der weiteren Informationssammlung eingesetzt, da sie mir geeignet schien, einen Eindruck hinsichtlich der erwähnten Fragestellungen zu erhalten. Das Satz-Graffitti diente dazu, einige Informationen zu den **Erwartungen der Schülerinnen an sich selbst innerhalb ihrer Ausbildungssituation und fiktiv an sich selbst als anleitende Hebamme** darzustellen. Aufgrund der knappen Zeitressourcen wurde diese Methode während der notwendigen Vorbereitungen der Mehrpunktabfrage seitens der Moderatorin von den Teilnehmerinnen durchgeführt. Die Gruppe erklärte sich zu diesem Zeitpunkt freiwillig dazu bereit, auf eine geplante Pause zu verzichten.

Ausstieg: Der fremde Besucher

Um ein persönliches Feedback zu dem Ablauf der Moderation zu bekommen, wurde die Methode *„Der fremde Besucher"* gewählt. Mit diesem Ausstieg sollte die thematische Arbeit abgeschlossen und der Arbeitsprozess reflektiert werden (MUSTER-WÄBS 2000, 43 ff). Eine erneute Punktabfrage, die in Anbetracht der zeitlichen Struktur möglicherweise geeigneter gewesen wäre, sollte an dieser Stelle vermieden werden, um die Methoden etwas abwechslungsreicher zu gestalten. Da die Teilnehmerinnen auf ihre Pause verzichtet hatten, war eine Erholungsphase nach dem Abschluss der Erarbeitung notwendig. Aus diesem Grund verblieben die Zettel vor Ort, um den Schülerinnen die Möglichkeit zu geben, mir diese Rückmeldung zu einem späteren Zeitpunkt auf freiwilliger Basis zukommen zu lassen. Ich nahm ihr Angebot an, die ausgefüllten Zettel per Post zu erhalten.

2.3.4 Ergebnisdarstellung

Von derzeit **59 Hebammenschulen** in Deutschland (s. Anhang A.3) waren auf dem BHSR-Treffen in Bensberg insgesamt 49 Hebammenschülerinnen aus **22 Schulen vertreten**. Für die im Folgenden dargestellte Beurteilung der Ergebnisse sollte berücksichtigt werden, dass es sich bei dieser Stichprobe sicherlich um eine sehr engagierte Gruppe von Hebammenschülerinnen und damit um ein besonderes Klientel handelt. Die Zugehörigkeit zum BundesHebammenSchülerinnenRat spricht für das Interesse der Teilnehmerinnen an der berufspolitischen Arbeit und sollte für die Ergebnisinterpretation mit bedacht werden. Die Daten erheben somit keinen Anspruch auf Repräsentativität.

Blitzlicht

Die Gefühle, die die Hebammenschülerinnen mit ihrer derzeitigen Ausbildungssituation verbinden, waren sowohl positiver als auch negativer Art. Die Rede war von „netten anleitenden Hebammen und Lehrhebammen“ und entspannteren Ausbildungsphasen nach einem anstrengenden Ausbildungsbeginn. Aber auch Aspekte wie „sich nicht als Persönlichkeit betrachtet zu sehen“, „im Kreißsaal nicht mit Namen, sondern nur mit „Schülerin“ angesprochen zu werden“, „kein Lob, keine Anleitung und kein Feedback zu erhalten“ bis hin zu psychosomatischen Problemen und Resignation wurden hier deutlich geschildert. Ich erhielt den Eindruck, dass die Situation in den einzelnen Schulen und Ausbildungskreißsälen stark differiert.

Gefühlsskala Ausbildungszufriedenheit

Die Gefühlsskala zu der Frage „**Wie zufrieden bin ich mit meiner praktischen Ausbildungssituation?**“ zeigt ein Bild (s. Abbildung 1), in dem der größere Anteil der Schülerinnen in dem Bereich zwischen 50% und 100% gepunktet hat. Von den 49 anwesenden Hebammenschülerinnen nahmen alle (100%) an der Einpunktabfrage teil.

- 13 Personen (26,5%) punkteten in dem Bereich von 0%-50%.
- 4 Personen (8,2%) entschieden sich für die Mitte und punkteten genau bei 50%.
- 32 Personen (65,3%) setzten ihren Punkt in den Abschnitt der Skala 50%-100%.

Abbildung 1: Gefühlsskala zur Ausbildungszufriedenheit

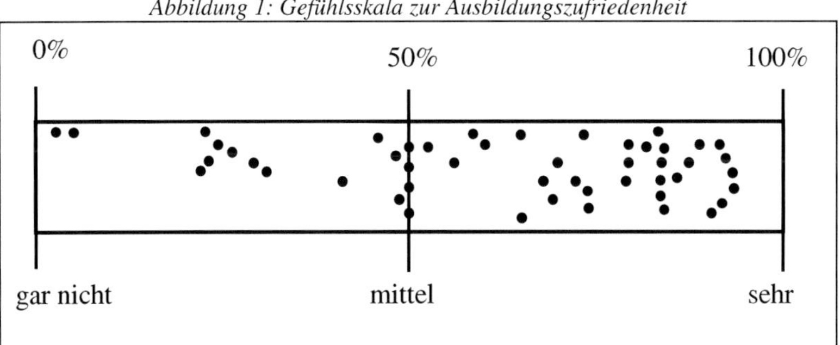

Quelle: Eigenerstellung, Abschrift Wandzeitung

Kartenabfrage Erwartungen

Die Ergebnisse der Kartenabfrage zu der Fragestellung „**Welche Erwartungen habe ich in meiner praktischen Hebammenausbildung an die Hebammen, die mich ausbilden?**“ werden in Abbildung 2 dargestellt.
Bei dieser Darstellung handelt es sich um eine Gesamtdarstellung, d.h., die Überschriften der „Clusterung“ sind bereits darin enthalten. Die Gruppe einigte sich auf insgesamt sieben Themenkomplexe, denen die Oberbegriffe *„Respektvolle Zusammenarbeit“*, *„Qualität der Anleitung“*, *„Kommunikative Kompetenz“*, *„Motivation“*, *„Fairness“*, *„Empathie“* und *„Offenheit“* zugeordnet wurden.

Priorisierung der Kartenabfrage

Die Abbildung 3 zeigt die Darstellung der Wandzeitung zur Priorisierung der Kartenabfrage mit dem Gesamtergebnis.
In diesem Ergebnis treten leider einige „Missing-Werte“ auf (BORTZ, DÖRING 1995, 86), deren Entstehen nicht genau geklärt werden kann. Einige Schülerinnen waren aufgrund der bevorstehenden Pause wohl organisatorisch eingebunden. Innerhalb dieser Phase wurde zudem nicht kontrolliert, ob alle Teilnehmerinnen gepunktet hatten, da zur Wahrung der Anonymität keine Beobachtung bezüglich der Punkteverteilung stattfand.
Die Gewichtung erfolgte mittels Mehrpunktabfrage. Jede Teilnehmerin erhielt entsprechend den sieben entstandenen Oberbegriffen 2×3 Klebepunkte (BORKENHAGEN 1996, 13; LIPP, WILL 2000, 80), von denen sie drei in der Kategorie „Für mich am wichtigsten“ und drei in der Kategorie „Sollte verbessert werden“ gemäß ihrer Einstellung vergeben konnte.
In der Kategorie „**Für mich am wichtigsten**“ wurden insgesamt 132 Punkte vergeben. Davon erhielten die drei höchst gewichteten Oberbegriffe

- „Respektvolle Zusammenarbeit“ 39 Punkte,
- „Qualität der Anleitung“ 39 Punkte
- und die „Kommunikative Kompetenz“ 20 Punkte.

In der Kategorie „**Sollte verbessert werden**“ wurden insgesamt 131 Punkte verteilt. Die höchste Gewichtung erhielten auch hier die Oberbegriffe

- „Qualität der Anleitung“ mit 36 Punkten,
- „Respektvolle Zusammenarbeit“ mit 31 Punkten
- und die „Kommunikative Kompetenz“ mit 28 Punkten.

Abbildung 2: Kartenabfrage Erwartungen

Welche Erwartungen habe ich in meiner praktischen Hebammenausbildung an die Hebammen, die mich ausbilden?

Respektvolle Zusammenarbeit	Qualität der Anleitung	Kommunikative Kompetenz	Motivation	Fairness	Empathie	Offenheit
Respekt und Menschlichkeit	Situationen simulieren (bei Zeit)	Fähigkeit zur konstruktiven Kritik	Freude am Beruf	Trennung von fachlicher und persönlicher Beurteilung	Verständnis für die Schülerinnensituation	Alte Heb.-Kunst
Bereitschaft zur Teamarbeit	Bereitschaft und Freude an Ausbildung	Sollen Fragen nicht als persönlichen Angriff sehen	Motivation	Objektivität bei der Beurteilung	Geduld	Offen für Alternativen
Schülerinnen sind gleichwertige Menschen	Anleitung!	Rückmeldung, Nachbesprechung, Beurteilung	Verantwortung wahrnehmen	Wissensweitergabe unabhängig von Sympathie	Vertrauen/ Geduld in die eigene Arbeit (HS)	Toleranz für andere Arbeitsweisen
Gegenseitiger Respekt	Kompetente Anleitung	Gute Kommunikation untereinander	Spaß am Beruf		Verständnis für unsere Probleme	
Kollegiales Miteinander	Lehraufgabe übernehmen	Konstruktive Kritik	Ausbilden wollen		Überforderung sehen	
Teamarbeit (Heb↔HS)	Fundierte Praxisanleitung	Konstruktive Kritik			Geduld mit uns haben	
Respektvolles Miteinander	Bereitschaft zur Anleitung	Rückmeldung geben				
Teamarbeit	Ausbildung zur Verantwortung	Kritikfähigkeit				
RESPEKT	Fachliche Kompetenz	Konstruktives Feedback				
TEAMARBEIT (Absprache)	Motivation zur Anleitung	Anerkennung u. Lob				
Menschlichkeit[3]	Verantwortung wahrnehmen	Feedback pos. neg.				
	Kompetenz	Konstruktive Kritik				
	Gute Ausbildung					
	Praxis = Theorie					

Quelle: Eigenerstellung, Abschrift Wandzeitung

Abbildung 3: Priorität der Erwartungen

Erwartungen	Für mich am wichtigsten:	Sollte verbessert werden:
Respektvolle Zusammenarbeit	39	31
Qualität der Anleitung	39	36
Kommunikative Kompetenz	20	28
Motivation	11	8
Fairness	14	10
Empathie	2	4
Offenheit	7	14

Quelle: Eigenerstellung, Abschrift Wandzeitung

Da in beiden Kategorien dieselben Oberbegriffe für die Hebammenschülerinnen die höchste Priorität darstellen, werden dementsprechend die Themen Anleitung, Zusammenarbeit und Kommunikation im theoretischen Teil der vorliegenden Arbeit den inhaltlichen Schwerpunkt bilden.

Satz-Graffitti

Die Ergebnisse des Satz-Graffittis wurden nicht paraphrasiert, sondern in der Form wiedergegeben wie sie auf dem BHSR-Treffen erarbeitet wurden. In der Abbildung 4 und der Abbildung 5 sind die Gesamtergebnisse dargestellt.

Abbildung 4: Satz-Graffitti – Erwartungen

In meiner Ausbildung zur Hebamme erwarte ich von mir, dass...

... ich mich in viele Richtungen entfalten werde.
... ich Sicherheit bekomme, die Verantwortung voll zu tragen.
... ich mir „treu" bleibe.
... ich so viele Eindrücke, Ideen etc. mitnehme wie möglich!
... Verständnis für die schwierige & verantwortungsvolle Situation der Hebamme.
... fachliche und menschliche Kompetenz.
... Freude an der Arbeit.
... Bereitschaft zu lernen u. angelernt zu werden.
... Kritikfähigkeit.
... Feedback (pos. + neg.) → aktive Kommunikation.
... ich immer 100% gebe(n) kann.
... ich keine Fehler auf „fremde" Kosten → Frauen! mache. ⇒ Grenzen erkennen!
... ich mir selbst treu bleiben kann!
... ich persönlich reife!
... ich stets zu mir ehrlich bin!
... ich lerne, Beruf u. Privatleben zu trennen!
... ich mir die Freude am Beruf bewahren kann!
... ich Prioritäten setzen lerne → angemessene Reaktion im Notfall.
... auch ich die anderen so behandel', wie ich behandelt werden möchte.
... ich die Vielseitigkeit meiner Erfahrungen in positive Impulse in meiner AB umsetze.
... meine Motivation in aktives Handeln umsetze.
... ich die Verantwortung für all mein Handeln übernehmen kann.
... ich ein fundiertes Basiswissen erarbeite.
... ich der Ausbildung offen gegenüber stehe, mich darauf einlasse, ohne meine Persönlichkeit aufzugeben.

Quelle: Eigenerstellung, Abschrift Wandzeitung

Abbildung 5: Satz-Graffitti – Fiktion

Wenn ich als Hebamme Schülerinnen ausbilden dürfte, dann würde ich...

... versuchen, soviel wie möglich miteinander zu kommunizieren!

... da zu sein.

... versuchen zu ermutigen, die gelernte Theorie in die Praxis umzusetzen.

... mir das Ziel setzen, aus jeder Einzelnen eine gute Hebamme zu „machen" und sie mit all meinen Fähigkeiten dabei unterstützen.

... nach besten Wissen und Gewissen anleiten.

... Feedback.

... Fragen in Ruhe beantworten (immer wenn die Zeit es zulässt).

... Wissensstand aktualisieren / Fortbildung.

... mich an die eigene Ausbildung erinnern.

... die Arbeit der Schülerinnen als Arbeitserleichterung zu schätzen wissen.

... fordern ohne überfordern.

... immer versuchen, mich einzufühlen!

... versuchen, „richtig" zu fördern / fordern!

... kommunizieren!!!

... eine klare Linie verfolgen / strukturiert arbeiten!

... NIE vergessen, dass ich auch einmal Schülerin gewesen bin!

... mich bemühen meine Schülerinnen so zu behandeln, wie ich behandelt werden möchte!!!

... dann wäre es mir wichtig, ein Feedback von HS über meine Arbeit mit ihnen zu erhalten.

... versuchen, Fehler, die an mir gemacht wurden, wieder gut zu machen.

... versuchen auch zu meinen eigenen Schwächen zu stehen. Auch Hebammen machen Fehler.

... mit den Schülern zusammen arbeiten, sie nicht für mich arbeiten lassen.

Quelle: Eigenerstellung, Abschrift Wandzeitung

2.4 Diskussion

Die dargestellte Informationssammlung zeigt ein breites Spektrum zur Zufriedenheit bzw. Unzufriedenheit der Hebammenschülerinnen mit ihrer Ausbildungssituation. Dabei wird deutlich, dass sich die kritischen Äußerungen sowohl in der Untersuchung von REIME und TOMASELLI (s. Kapitel 1) sowie in den Interviews von ZOEGE als auch in der von mir durchgeführten qualitativen Gruppenbefragung während des BHSR-Treffens auf ähnliche bzw. identische Problemstrukturen beziehen. Obwohl durchaus auch positive Aspekte genannt wurden und die Gefühlsskala insgesamt ein befriedigendes bis gutes Ergebnis aufweist, bleiben die Ergebnisse der priorisierten Kartenabfrage erwähnenswert und aussagekräftig. An dieser Stelle wird deutlich, dass die Faktoren, die für die Schülerinnen die höchste Wichtigkeit aufweisen, zugleich auch die Faktoren sind, die sie in der Praxis für verbesserungswürdig halten. Die Diskrepanz zwischen den Erwartungen der Schülerinnen und deren Erfüllung wird hier offensichtlich und für den thematischen Schwerpunkt dieser Arbeit ausschlaggebend sein. Erwähnenswert erscheint außerdem der Zusammenhang zwischen den persönlichen Erwartungen hinsichtlich der Fiktion, selbst als anleitende Hebamme tätig zu sein, und den Erwartungen an die Ausbilderinnen. Diese Erwartungshaltung der Schülerinnen an das eigene Handeln ist sehr hoch, und es entsteht die Frage, ob die jetzigen anleitenden Hebammen als Schülerin den gleichen Anspruch an sich stellten. Wenn dies der Fall sein sollte, dann wäre es sehr interessant zu untersuchen, wie diese Paradoxie entsteht, d.h., warum diese Erwartungen im Ausbildungssystem nicht erfüllt werden können.

2.5 Zusammenfassung

Um einen Überblick über die Ausbildungszufriedenheit und die Erwartungen der Hebammenschülerinnen an ihre praktische Ausbildung zu erhalten, wurde mit einer gezielten Literaturrecherche begonnen. Diese führte u.a. zu einer Arbeit von Frau Zoege, die eine „Bestandsaufnahme der qualitativen und äußeren Rahmenbedingungen der Hebammenausbildung in Deutschland" durchführte. Nachdem ein persönlicher Kontakt hergestellt wurde, bestand die Möglichkeit, vierzehn mit Hebammenschülerinnen durchgeführte anonymisierte qualitative Interviews als Datenquelle zu nutzen. Die Auswertung geschah dabei im Hinblick auf die praktische Ausbildung und hier ganz speziell fokussiert auf die Zusammenarbeit mit den ausbildenden Hebammen. Es zeigten sich sowohl positive als auch negative Aspekte hinsichtlich der Praxisanleitung, der Zusammenarbeit und der Kommunikation im Kreißsaal. Dies führte zu einem wachsenden Interesse, die aktuellen Sichtweisen der derzeitigen Hebammenschülerinnen kennen zu lernen.

So wurde während eines Treffens des BundesHebammenSchülerinnenRates mittels Moderationsmethoden eine qualitative Gruppenbefragung durchgeführt. Diese sollte die Erwartungen der Hebammenschülerinnen an die Hebammen, von denen sie in der

Praxis ausgebildet werden, ermitteln und einen Eindruck über die Ausbildungszufriedenheit geben. Die Ergebnisse zeigen, dass die Situation an den einzelnen Schulen differiert und die Hebammenschülerinnen sowohl positive Erfahrungen als auch Konflikte in der Zusammenarbeit mit den Hebammen wahrnehmen. Hinsichtlich der Ausbildungszufriedenheit variieren die Ergebnisse ebenfalls. Insgesamt zeigt sich jedoch ein eher positives Bild. Die Befragung ergab des Weiteren, dass die Schülerinnen eine respektvolle Zusammenarbeit, eine qualitative Anleitung sowie kommunikative Kompetenzen, Motivation, Fairness, Empathie und Offenheit von Seiten der Hebammen erwarten. Dabei haben die respektvolle Zusammenarbeit, die Qualität der Anleitung und die kommunikative Kompetenz für die Schülerinnen die höchste Priorität sowohl bezüglich der persönlichen Wichtigkeit als auch in Bezug auf notwendige Verbesserungen. Aus diesem Grunde bilden diese Inhalte den thematischen Schwerpunkt dieser Arbeit. Dabei können und sollen sie jedoch nicht trennscharf voneinander abgegrenzt werden, sondern aufgrund ihrer thematischen Überschneidungen in ihrer Ganzheitlichkeit betrachtet und berücksichtigt sein. Damit ist z.B. gemeint, dass die Verbesserung der Anleitungsqualität zwangsläufig die respektvolle Zusammenarbeit und das Einhalten positiver Kommunikationsstrukturen beinhalten muss. In der theoretischen Erörterung wird es eine thematische Trennung geben; die sich in der praktischen Durchführung jedoch wieder aufhebt, da die Inhalte hier nicht getrennt voneinander gesehen werden können, sondern einander bedingen und somit eine Einheit bilden müssen.

Die Auswertung zeigt zudem, dass die Erwartungen der Schülerinnen an sich selbst in deutlicher Relation zu den Erwartungen an ihre Ausbilderinnen stehen. Sie verlangen von sich selbst sowohl Fach- als auch Sozial- und Humankompetenz. Auch im Hinblick auf die Fiktion, wie sie als anleitende Hebammen reagieren würden, erweist sich die Erwartungshaltung an das eigene Handeln als sehr hoch. Hier lässt sich ebenfalls ein Zusammenhang zu den persönlichen Erwartungen an die eigenen Ausbilderinnen erkennen.

Um den Erwartungen der Schülerinnen gerecht werden zu können, sollen Hebammen, die an der Ausbildung von Hebammenschülerinnen beteiligt sind, in den folgenden Kapiteln Informationen, Anregungen und Ideen für eine professionelle und gezielte Praxisanleitung erhalten.

3 Rechtliche Grundlagen und Empfehlungen

3.1 Hebammengesetz

Das „Gesetz über den Beruf der Hebamme und des Entbindungspflegers" (Hebammengesetz – HebG) vom 4. Juni 1985 beinhaltet u.a. die „Erlaubnis zur Berufsbezeichnung", die „Vorbehaltenen Tätigkeiten" der Hebammen und die Vorschriften zur „Ausbildung". Es ist neben den Berufsordnungen der einzelnen Länder für jede Hebamme als verbindlich anzusehen. Im Folgenden werden einige Auszüge, die für die vorliegende Arbeit relevant erscheinen, dargestellt.

3.1.1 Vorbehaltene Tätigkeiten (§ 4 HebG)

Der § 4 HebG umfasst die vorbehaltenen Tätigkeiten der Hebammen. Hiernach sind *„...abgesehen von Notfällen, außer Ärztinnen und Ärzte nur Personen mit einer Erlaubnis zur Führung der Berufsbezeichnung „Hebamme" oder „Entbindungspfleger"..."* zur *„Leistung von Geburtshilfe"* berechtigt (KURTENBACH, HORSCHITZ 1994, 10f).

Des Weiteren wird hier geregelt, dass die Ärzte/Ärztinnen die Verpflichtung haben, *„...dafür Sorge zu tragen, dass bei einer Entbindung eine Hebamme oder ein Entbindungspfleger zugezogen wird"* (KURTENBACH, HORSCHITZ 1994, 10f).

Außerdem wird definiert, dass die Geburtshilfe im Sinne des Gesetzes die *„Überwachung des Geburtsvorganges von Beginn der Wehen an, Hilfe bei der Geburt und Überwachung des Wochenbettverlaufs"* umfasst (KURTENBACH, HORSCHITZ 1994, 11).

3.1.2 Ausbildungsziel (§ 5 HebG)

In diesem Paragraphen des Hebammengesetzes wird das Ausbildungsziel formuliert:

> *„Die Ausbildung soll insbesondere dazu befähigen, Frauen während der Schwangerschaft, der Geburt und dem Wochenbett Rat zu erteilen und die notwendige Fürsorge zu gewähren, normale Geburten zu leiten, Komplikationen des Geburtsverlaufs frühzeitig zu erkennen, Neugeborene zu versorgen, den Wochenbettverlauf zu überwachen und eine Dokumentation über den Geburtsverlauf anzufertigen"* (KURTENBACH, HORSCHITZ 1994, 11).

Mit dieser Definition und den unter 3.1.1 dargestellten „Vorbehaltenen Tätigkeiten" wird die Berufsbezeichnung geschützt und eine Abgrenzung zu den anderen Berufen im Gesundheitswesen hergestellt (SCHNEIDER 1998, 378). Verdeutlicht werden die Rechte und das Aufgabenprofil der Hebamme. Die Schülerin soll im Laufe ihrer Ausbildung an dieses Ziel herangeführt werden.

3.1.3 Ausbildung (§ 6 HebG)

Die Ausbildung zur Hebamme dauert drei Jahre und wird mit einer staatlichen Prüfung abgeschlossen. Sie setzt sich aus dem *„theoretischen und praktischen Unterricht"* und der *„praktischen Ausbildung"* zusammen. Dabei werden sowohl der Unterricht als auch die praktische Ausbildung *„in staatlich anerkannten Hebammenschulen an Krankenhäusern vermittelt"*. Fixiert werden in diesem Paragraphen zudem die zu erfüllenden Anforderungen an die Hebammenschulen, damit diese eine staatliche Anerkennung für die Eignung zur Ausbildung erhalten können.
Neben der Leitung durch eine Lehrhebamme oder einen Lehrentbindungspfleger bzw. einen Arzt/eine Ärztin und eine Lehrhebamme/einen Lehrentbindungspfleger werden eine ausreichende Anzahl von Lehrenden in Relation zu den Ausbildungsplätzen sowie entsprechende Räumlichkeiten für die Schulen gefordert. Desgleichen wird festgelegt, dass die Hebammenschule mit einem Krankenhaus verbunden sein muss, *„...das die Durchführung der praktischen Ausbildung nach der Ausbildungs- und Prüfungsordnung für Hebammen und Entbindungspfleger durch Hebammen oder Entbindungspfleger im Krankenhaus gewährleistet"* (KURTENBACH, HORSCHITZ 1994, 11). Der enge Zusammenhang von Theorie und Praxis wird hier sehr deutlich (KURTENBACH, HORSCHITZ 1994, 39). Außerdem wird festgelegt, dass die Hebammen im Krankenhaus an der Durchführung der praktischen Ausbildung beteiligt sind. Diese Tatsache sollte jede Hebamme kennen, wenn sie einen Arbeitsvertrag an einem Lehrkrankenhaus eingeht.

3.1.4 Ausbildungsverhältnis, Pflichten des Trägers (§ 13 HebG)

In diesem Paragraphen wird der Träger der Ausbildung gefordert. Er hat u.a. dafür Sorge zu tragen, dass die Schülerinnen in der vorgegebenen Ausbildungszeit das definierte Ausbildungsziel erreichen können, wobei die Durchführung *„...in einer durch ihren Zweck gebotenen Form planmäßig, zeitlich und sachlich gegliedert..."* erfolgen soll. Dabei darf die Schülerin nur zu Tätigkeiten herangezogen werden, die dem Ausbildungszweck dienen (KURTENBACH, HORSCHITZ 1994, 13f). KURTENBACH und HORSCHITZ kommentieren, dass die zuständigen Lehrer/Lehrerinnen für Hebammenwesen durch die enge Theorie-Praxis-Verknüpfung eine Mitverantwortung für die praktische Ausbildung haben. Erwähnenswert ist außerdem die in § 26 HebG genannte Festlegung, dass das Berufsbildungsgesetz für die Ausbildung der Hebamme keine Anwendung findet und es sich damit (ebenso wie in der Krankenpflege) um eine eigenständige Ausbildung handelt (KURTENBACH, HORSCHITZ 1994, 55ff). Folgerichtig spricht der Gesetzgeber in der Krankenpflege und im Hebammenwesen somit von Schülerinnen statt von Auszubildenden (SCHNEIDER 1998, 367).

3.1.5 Ausbildungsverhältnis, Pflichten der Schülerin (§ 14 HebG)

Auch die Selbstverantwortung der Schülerinnen findet in diesem Gesetz ihre Berücksichtigung. Sie *„...haben sich zu bemühen ... Kenntnisse, Fähigkeiten und Fertigkeiten zu erwerben, die erforderlich sind, um das Ausbildungsziel zu erreichen“*. Für sie besteht die Pflicht zur Teilnahme an den *„Ausbildungsveranstaltungen“*, einer sorgfältigen Ausführung, der ihnen *„aufgetragenen Verrichtungen“* und der Einhaltung der *„Schweigepflicht“* (KURTENBACH, HORSCHITZ 1994, 14). Somit ist jede Schülerin gefordert, an einer gelungenen Ausbildung mitzuwirken.

3.2 Ausbildungs- und Prüfungsverordnung für Hebammen

Die Ausbildungs- und Prüfungsverordnung für Hebammen (HebAPrV) vom 16.03.1987 regelt die theoretischen und praktischen Ausbildungsinhalte und gibt Hinweise zur staatlichen Prüfung.

3.2.1 Inhalt der Ausbildung (§ 1 HebAPrV)

Während der theoretische und praktische Unterricht 1600 Stunden umfassen muss, soll die praktische Ausbildung einen Umfang von 3000 Stunden aufweisen. Außerdem definiert der Gesetzgeber in diesem Paragraphen in Abs. 2, dass gemäß dem Ausbildungsziel (§ 5 HebG) in der praktischen Ausbildung eine Unterweisung in allen *„...für die Berufsausübung wesentlichen Kenntnissen und Fertigkeiten...“* stattfinden soll. Weiterhin heißt es, *„...Es ist Gelegenheit zu geben, die im theoretischen und praktischen Unterricht erworbenen Kenntnisse zu vertiefen und zu lernen, sie bei der praktischen Arbeit anzuwenden“* (KURTENBACH, HORSCHITZ 1994, 147). Die notwendige Theorie-Praxis-Verknüpfung lässt sich hier deutlich erkennen. Der Abs. 3 verweist darauf, dass in der Ausbildung die *„Kenntnisse und Fertigkeiten“* zu vermitteln sind, die benötigt werden, um die *„Tätigkeiten und Aufgaben“*, die in Art. 4 der europäischen Richtlinie 80/155/EWG dargestellt werden, eigenverantwortlich durchführen zu können (KURTENBACH, HORSCHITZ 1994, 147). Der Wortlaut dieser Richtlinie, für deren Umsetzung die Länder verantwortlich sind - der Bundesgesetzgeber regelt nur den Berufszugang - (KURTENBACH, HORSCHITZ 1994, 47), befindet sich im Anhang A.1 dieser Arbeit. Für die theoretischen und praktischen Ausbildungsinhalte und deren vorgeschriebene Stundenverteilung wird auf den Anhang A.2 verwiesen. Eine Durchsicht dieser Verteilung kann zum Verstehen beitragen, da sie die praktischen Einsätze der Schülerinnen begründet.

3.2.2 Praktischer Teil der Prüfung (§ 7 HebAPrV)

Da an einigen Schulen die Hebammen aus dem Kreißsaal am praktischen Examen beteiligt sind, sollen die von den *„Prüflingen"* zu leistenden Aufgaben dargestellt werden.

„1. Aufnahme einer Schwangeren und Dokumentation der erhobenen Befunde mit Erstellung eines Behandlungsplanes,
2. Durchführung einer Entbindung mit Erstversorgung des Neugeborenen und Dokumentation im Einverständnis mit der Schwangeren,
3. eine praktische Pflegedemonstration an einem Säugling,
4. eine Fallbesprechung/Pflegedemonstration an einer Wöchnerin" (KURTENBACH, HORSCHITZ 1994, 149).

3.3 Empfehlung der Weltgesundheitsorganisation

Die Weltgesundheitsorganisation (WHO) legte 1997 eine europäische Strategie für die Aus- bzw. Fortbildung in der Krankenpflege und im Hebammenwesen hinsichtlich ihres Ziels „Gesundheit für alle" vor. Dabei geht die WHO davon aus, dass es sich bei diesen Berufsgruppen um Gesundheitsexperten handelt, die eine fundamentale Rolle in der Gesundheitsförderung spielen. In ihrem Bericht wird die Sorge dargestellt, dass die heutige Ausbildungsform weder auf „selbstorganisierte Lernprozesse" und ein „lebenslanges Lernen" noch auf die Fähigkeit, eine entscheidungstragende Rolle in einem multidisziplinären Gesundheitsteam zu übernehmen, vorbereitet. Aus diesem Grunde wird eine Bildungstheorie verlangt, die u.a. das Lernen von Erwachsenen und eine Verbindung von Theorie und Praxis beachtet (WHO EXPERT GROUP 1997, 5).
Diesen Forderungen kann durch eine gezielte Praxisanleitung Ausdruck verliehen werden.

3.4 Praxisanleitung und Mentorentätigkeit

In einigen Kliniken ist es bereits üblich, Mentorinnen bzw. Praxisanleiterinnen für die praktische Ausbildung der Schülerinnen einzusetzen. In der Literatur werden die Begriffe *„Praxisanleiterin"* und *„Mentorin"* unterschiedlich definiert, aber zum Teil auch synonym verwendet. In den meisten Fällen werden die dem Pflegedienst angehörenden Mitarbeiterinnen, die die Schülerinnen auf der Station/im Kreißsaal begleiten und dort praktisch anleiten, als Mentorin bezeichnet. Der Begriff der Praxisanleiterin wird häufig für Lehrerinnen für Pflegeberufe und des Hebammenwesens, die auch praktische Anleitungen durchführen, benutzt. Während die Mentorin in der Regel im Stations- bzw. Hebammenteam integriert ist, ist die Praxisanleiterin häufig der Schule oder der Pflegedienstleitung zugeordnet. Auch hinsichtlich des Stundenumfangs zur Qualifizierung für diese Tätigkeiten treten Unterschiede auf. In den meisten

Fällen haben die Fortbildungen zur Mentorin eine geringere Gesamtstundenzahl (DIELMANN 1993, 18f; QUERNHEIM 1997, IXf; HUNEKE 1998, 12ff; MENSDORF 2000, 86f). Da der Einsatz von Mentorinnen und Praxisanleiterinnen im allgemeinen befürwortet wird, aber nicht gesetzlich festgeschrieben ist, sollen einige Empfehlungen zur Bedeutung und Umsetzung dieser Tätigkeit aufgezeigt werden.

3.4.1 Empfehlung des Bundes Deutscher Hebammen

Der BDH spricht keine offizielle Empfehlung zum Einsatz von Mentorinnen aus, hat jedoch in den letzten Jahren wiederholt auf die notwendige Teilnahme an Fortbildungen zur Anleitung von Schülerinnen bzw. den Weiterbildungen zur Mentorin hingewiesen (WITTE 1992, 143; BARRE 1997, 284; BINEK, HOFFMANN 2000, 453; CARITAS-AKADEMIE FÜR PFLEGEBERUFE E.V. 2001, 185).
Um den wachsenden Anforderungen des Hebammenberufs gerecht zu werden und den Weg in Richtung einer Professionalisierung zu gehen, wird in der Berufsgruppe seit einigen Jahren diskutiert, die Hebammenausbildung auf vier Jahre zu verlängern bzw. die grundständige Hebammenausbildung an die Fachhochschule zu verlagern (BARRE 1998, 517f). Damit diesbezüglich eine Pro- oder Contra-Entscheidung getroffen werden kann, wird zunächst angestrebt, Modellstudiengänge einzurichten, die einer Evaluation unterzogen werden sollen. In diesem Zusammenhang gibt der Berufsverband in seinem Bildungskonzept von 1997 als besonderes Anliegen an, *„...die praktische Ausbildung der Hebammen durch qualifizierte Mentorinnen bzw. Fachpraxislehrerinnen sicherzustellen“*. Eine berufsübergreifende Grundausbildung für das Hebammenwesen und die Pflegeberufe wird vom BDH nicht befürwortet (BARRE 1998, 517f). Das Bildungskonzept 2000 verfolgt diese Gedanken weiter und sieht für die *„Aktualisierung der Grundausbildung an Hebammenschulen“* eine neue HebAPrV vor, in der u.a. die *„praktische Anleitung der Schülerinnen“* stärker verankert werden soll (BARRE 2000, 123f).

3.4.2 Empfehlung des Fachbeirats Pflege

Der Fachbeirat Pflege (2000, 4377f) gab 2000 eine *„Empfehlung zur Durchführung der praktischen Ausbildung in den Krankenpflegeberufen“* heraus und führte darin auch das Hebammenwesen auf. Inhaltlich geht es darin u.a. um die Definition der Begriffe *„Praxisbegleitung“* und *„Praxisanleitung“*. Unter Praxisbegleitung wird kontinuierliches *„...begleitendes Lehren und Lernen im Pflegealltag“* verstanden, bei der die *„Lernsituation durch die Pflegepraxis geprägt“* ist. Durchführende sind das examinierte Pflegepersonal/examinierte Hebammen sowie die Praxisanleiterinnen und die Lehrerinnen für Pflegeberufe/Hebammenwesen. Für die didaktische Planung findet keine konkrete Aufbereitung statt. Sie sollte jedoch dem Ausbildungsstand angemessen sein. Die Praxisanleitung wird als *„methodisch aufbereitet“* beschrieben und soll sich auch dem Ausbildungsstand anpassen. Somit handelt es sich um ein terminiertes *„...geplantes/gezieltes Lehren und Lernen am Lernort Praxis“*. Die

Durchführung erfolgt durch Praxisanleiterinnen oder Lehrerinnen für Pflegeberufe/Hebammenwesen. Eine Freistellung erfolgt nur für die Praxisanleitung, die 3% der praktischen Ausbildungszeit umfassen soll.

3.4.3 Empfehlung der Deutschen Krankenhausgesellschaft

Die Deutsche Krankenhausgesellschaft (DKG) hat 1992 ein „Positionspapier zu Einsatz, Qualifikation und Personalbedarfsermittlung von Mentoren für die Ausbildung in Krankenpflegeberufen" herausgegeben. Das Hebammenwesen wird darin nicht gesondert aufgeführt. Für die Pflege vertritt die DKG die Auffassung, dass das Ausbildungsziel nur erreicht werden kann, wenn eine qualifizierte Anleitung und Betreuung durch eine geeignete Anzahl von Mentorinnen gewährleistet ist, die dafür zuständig sind, die Schülerinnen durch *„gezielte Vermittlung"* an das *„vorgegebene Lernziel heranzuführen"*. Die DKG gibt eine Anhaltszahl von vier Stunden Anleitung je Schülerin pro Woche bzw. dem Einsatz von einer Mentorin für zehn Schülerinnen an. Für die pädagogische Fortbildung der Mentorinnen wird ein Seminar von mindestens 300 Unterrichtsstunden unter dienstlicher Freistellung und Fortzahlung der Bezüge empfohlen. Die Mentorin sollte berufserfahren und neben ihrer Funktion in der Praxisanleitung weiterhin im pflegerischen Team integriert sein (DKG 1992, 590f).

3.4.4 Empfehlung der Baden-Württembergischen Krankenhausgesellschaft

Die Baden-Württembergischen Krankenhausgesellschaft hat bereits 1990 „Empfehlungen zur Tätigkeit von Mentoren für die praktische Ausbildung in der Krankenpflege" herausgegeben. Auch darin bleibt das Hebammenwesen unerwähnt. Eine Expertenarbeitsgruppe kommt hier zu dem Schluss, dass eine gezielte und strukturierte Anleitung auf den Stationen durch berufserfahrene und fortgebildete Mentorinnen erfolgen sollte, um eine qualitativ hochwertige Ausbildung zu gewährleisten. Dabei gehören die *„Vorbereitung, Durchführung und Nachbereitung"* zur Anleitungssituation. Für die Qualifizierung zur Mentorin wird eine Fortbildung mit einer Gesamtstundenzahl von 120 empfohlen. Auch von dieser Gruppe wird die Kombination von Praxisanleitung und fortbestehender Tätigkeit im Pflegedienst vertreten, wobei für die Anleitung acht Stunden pro Woche angesetzt werden. Dies würde einer Personalzahl von 0,2 Vollzeitkräften pro Schülerin auf der Station entsprechen (AUTENRIETH, SIEBIG 1990, 2f).

3.5 Zusammenfassung

Dieses Kapitel bot eine Einführung in die rechtlichen Grundlagen und Empfehlungen hinsichtlich der Hebammentätigkeit, der Hebammenausbildung und der Tätigkeit von Mentorinnen und Praxisanleiterinnen. Dargestellte Auszüge aus dem HebG und der HebAPrV dienen einer grundlegenden Information zur praktischen Ausbildung. Dazu tragen auch der Beitrag der WHO und die dargestellten Empfehlungen zur Mentorentätigkeit der Pflegeberufe bei, in denen das Hebammenwesen leider teilweise unerwähnt bleibt. Wenn auch ein Transfer auf das Hebammenwesen nicht uneingeschränkt möglich ist, so können die in den Pflegeberufen schon relativ üblichen geplanten praktischen Anleitungen jedoch Anregungen geben und die Empfehlungen für diesen Bereich auch eine Basis für die Hebammenausbildung darstellen. Um eine qualitativ hochwertige Hebammenausbildung zu gewährleisten, sollte auch diese Berufsgruppe darum bemüht sein, angebotene Mentorinnenkurse in Anspruch zu nehmen, sich für eine partielle Freistellung zugunsten dieser Tätigkeit zu engagieren und die praktische Ausbildung professionell zu gestalten. Eine Definition zur Praxisanleitung, die u.a. auf einer Synthese der dargestellten Empfehlungen beruht, wird im Abschnitt 5.2 formuliert.

4 Grundlagen für die Gestaltung von Praxisanleitungen

4.1 Lehren und Lernen in der Ausbildung

Ein zentrales Anliegen der heutigen Wissens- und Informationsgesellschaft mit ihrem schnellen technologischen und sozialen Wandel ist das Prinzip des *„lebenslangen Lernens“* (BECK 1997, 31f). Da insbesondere das Berufswissen in der heutigen Zeit innerhalb weniger Jahre veraltet, gewinnt die Fähigkeit zu lernen immer mehr an Bedeutung. Somit sollte die Berufsbildung nicht nur dazu befähigen, die angestrebte Tätigkeit ausüben zu können, sondern immer auch die Persönlichkeitsentwicklung der Schülerinnen integrieren. Berufsbildung wird damit gleichzeitig zur Allgemeinbildung. Ein Gedanke, dem bereits die klassischen Berufsbildungstheorien von KERSCHENSTEINER, SPRANGER und FISCHER Rechnung trugen (ARNOLD, LIPSMEIER, OTT 1998, 6). Eingeschlagen wird ein durch Selbstlernen gekennzeichneter lebenslanger Entwicklungsweg mit dem Ziel des Kompetenzerwerbs (SLOANE 1998, 3ff). Um dieses Ziel zu erreichen, bedarf es selbstorganisierter und lebendiger Lernformen (ARNOLD, LIPSMEIER, OTT 1998, 5). Das *„Bedürfnis nach Selbstorganisation und Eigenverantwortung“* gilt insbesondere für das Lernen von Erwachsenen (ERPENBECK, HEYSE 1999, 98 nach KOLB und KNOWLES), und um diese handelt es sich innerhalb der Berufsausbildung zur Hebamme. Somit soll die Anleiterin für den Lernprozess berücksichtigen, dass die Hebammenschülerinnen schon *„langjährige Lebenserfahrung“*, ein gereiftes *„Selbstbild“* sowie *„gefestigte Werte, Einstellungen und Meinungen“* haben. Außerdem verfügen sie bereits über einen *„hohen Wissensstand“*, so dass sie *„neue Informationen“* mit den *„erworbenen Erfahrungen“* vergleichen werden (ERPENBECK, HEYSE 1999, 97f nach KOLB und KNOWLES).

Per definitionem handelt es sich beim Lernen um eine *„...relativ überdauernde Veränderung von Einstellungen und Verhaltensweisen aufgrund von Erfahrungen“* (KÖCK, OTT 1997, 435f). Nach MEYER (1997 Band I, 46f) ist das Lehren dabei dem Lernen systematisch untergeordnet. Er beschreibt: *„Eine gute Lehrerin weiß, dass sie nicht lernen machen kann. Lernen kann ein Mensch (...) immer nur für sich selbst“.* Auch ROGERS (2000, 338) betont *„Wir können eine andere Person nicht direkt etwas lehren; wir können nur ihr Lernen fördern“.*

Für die Berufsausbildung der Hebamme können diese Erkenntnisse genutzt werden. Es geht dabei nicht nur um die Gestaltung der theoretischen Unterrichtsprozesse, sondern im Rahmen der praktischen Ausbildung fungiert auch die anleitende Hebamme als Lehrerin. Sie kann durch das Schaffen geeigneter Lernsituationen den Lernprozess der Schülerin unterstützen und begleiten. Dabei sollte der Erwerb von Kompetenzen im Vordergrund stehen. Ein pädagogischer Bezug kann dann gelingen, wenn eine gegenseitige Achtung und Anerkennung von beiden Seiten besteht. Außerdem sollte die Schülerin von der Hebamme als *„aktiv mitgestaltendes Subjekt“*

anerkannt werden (HÖPFNER 1992, 384). Diesen Ideen liegt eine handlungsorientierte Sichtweise zugrunde, die in den Abschnitten 4.1.5 und 4.2 näher erläutert wird.

4.1.1 Lernortkooperation

Eine grundlegende Voraussetzung für eine zielgerichtete Ausbildung ist die fundierte Verknüpfung von Theorie und Praxis. Dazu müssen der Lernort Schule (hier Hebammenschule) und der Lernort Praxis (hier Klinik bzw. Kreißsaal) dazu bereit sein, miteinander zu kooperieren. Leider wird die fehlende Kooperation zwischen der Schule und der Praxisstätte von den Schülerinnen immer wieder beklagt (s. 2.2.2). Auch in der Krankenpflegeausbildung, die einem ähnlichen bzw. fast identischen System unterliegt, wird diese Problematik beschrieben. BISCHOFF (1993, 8) spricht von *„zerstrittenen Geschwistern"* und schildert, dass die Mitarbeiterinnen aus der Praxis die Lehrerinnen für *„praxisferne Theoretikerinnen"* halten, während die Lehrerinnen für Pflegeberufe den Praktikerinnen fehlende Reflexion und mangelnde Veränderungsbereitschaft vorwerfen. Dazwischen stehen die Schülerinnen, die sich häufig gemäß dem Weg des geringsten Widerstandes den Gegebenheiten in der Praxis beugen. MONNEY HUNKELER (1997, 12) fand in einer Untersuchung in der Schweiz heraus, dass die meisten ausbildenden Hebammen die Beziehung zur Schule als positiv wahrnehmen, allerdings fast ein Drittel der Befragten keine echte Zusammenarbeit empfindet.

Obwohl die Hebammenausbildung aufgrund ihres Sonderstatus' nicht dem „dualen System" zugeordnet ist, befindet sich die Hebammenschülerin de facto während ihrer Ausbildung in einer dualen Ausbildungssituation. In der tradierten Form findet die theoretische Ausbildung am Lernort Schule und die praktische Ausbildung am Lernort Betrieb/Krankenhaus statt (SCHNEIDER 2000, 2f). Eine Vernetzung bzw. ein Transfer bleibt der Schülerin häufig selbst überlassen, denn die Zusammenarbeit von Schule und Kreißsaal und die Absprachen untereinander sind in den meisten Fällen gering. Theorie und Praxis werden voneinander getrennt, obwohl keine Theorie ohne Praxis und keine Praxis ohne Theorie existieren kann (BISCHOFF 1993, 9). Damit die Schülerin in ihrer Ausbildung jedoch eine Verknüpfung wahrnehmen kann, ist eine beidseitige Kooperation unabdingbar. Zu bedenken ist indes, dass die beiden Lernorte unterschiedlichen *„Organisationsstrukturen"* und *„Leitzielen"* verpflichtet sind (RÜLLER, SCHNEIDER 2000, S. 39). SCHNEIDER (2000, 13) empfiehlt an dieser Stelle, dass Schule und Pflegepraxis sich ihrer differierenden Ziele bewusst sein sollten und ihre eigenständige Funktion in Bezug zur Ausbildung entwickeln müssen. So kann, als wichtige Voraussetzung für die Kooperation, der unterschiedliche Anteil an der Ausbildung erkannt und Verantwortung dafür übernommen werden. Die Praxis soll ein *„arbeitsplatzgebundenes Lernen"* ermöglichen, während die Schule gleichzeitig auf den Beruf und den Berufsweg vorbereitet. Anschließend soll die Entwicklung von Transferkonzepten erfolgen, die von der Theorie in die Praxis und umgekehrt transportiert werden können. Für eine gute Zusammenarbeit sollte eine *„personell und*

strukturell definierte Lernortkooperationsgruppe" in das System implementiert werden. BIENSTEIN U.A. (2000, 305) fordern für die Verknüpfung von Theorie und Praxis *„...ein sinnvoll aufeinander bezogenes Nebeneinander und ein in Teilbereichen strukturell verankertes Miteinander der Lernorte im Sinne innovativer, Theorie-Praxis-integrativer Lernortkooperationsmodelle..."*.
Die Kooperation der Lernorte stellt meiner Ansicht nach eine zentrale Funktion im Ausbildungsprozess dar und sollte an jeder Hebammenschule angestrebt werden.

4.1.2 Lernkanäle und Lerntypen

Da sich die Gedächtniswirksamkeit je nach der Art der Informationsaufnahme unterscheidet und dies für die praktische Anleitung genutzt werden kann, soll ein kurzer Überblick zu dieser Thematik gegeben werden. Nach WITZENBACHER behalten wir

- *„20% von dem, was wir hören,*
- *30% von dem, was wir sehen,*
- *80% von dem, was wir selber formulieren können,*
- *90% von dem, was wir selbst tun"* (GUDJONS 2001, 61 nach WITZENBACHER 1985, 17).

Handlungsorientierte Lernprozesse begünstigen die Behaltensleistung durch *„multidimensionale Kodierung"*, da mehrere Sinne angesprochen, verschiedene Gehirnregionen beteiligt und Assoziationen ermöglicht werden (GUDJONS 2001, 61 nach MÖLLER 1987, 185). Für die Anleitungssituation in der Ausbildung kann somit nach entsprechender Zeit der Kanal mit der höchsten Aufnahmekapazität genutzt werden, da dem Gehörten und Gesehenen in der Regel die eigene Handlung der Schülerin folgt. Es sollte angestrebt werden, die verschiedenen Lernkanäle in ihrer Kombination zu nutzen und möglichst viele Lernsituationen handlungsorientiert zu gestalten. Zu bedenken ist weiterhin, dass mittels Berührung von Assoziationen eine Steigerung der Aufmerksamkeit, der Motivation und der späteren Behaltensleistung erreicht werden kann. Die Schülerin kann dadurch an bereits vorhandene Erfahrungen und an ihr Vorwissen anknüpfen, wodurch ihr Lernprozess gefördert wird (VESTER 2001, 133f).
Auch hinsichtlich der Lerntypen existieren in Beziehung zum Aufnahmekanal unterschiedliche Formen. Obwohl es sich in der Regel um eine Mischform handelt, präferieren die einzelnen Menschen die ihrem Typ entsprechenden Formen des Lernens. In der Literatur werden der *„visuelle"* (durch sehen), der *„auditive"* (durch hören), der *„audio-visuelle"* (durch sehen und hören), der *„haptische"* (tastsinnorientiert), der *„olfaktorische"* (geruchsorientiert), der *„abstrakt-verbale"* (an Begriffen orientiert), der *„kontakt- bzw. personenorientierte"*, der *„mediumorientierte"* und der *„einsicht- bzw. sinnanstrebende"* Typ unterschieden (HÜHOLDT 1992, 245). In der praktischen

Anleitung sollte versucht werden, den einzelnen Lerntypen gerecht zu werden. Dazu sind Beobachtungsgabe und Kommunikation notwendige Voraussetzungen.

4.1.3 Lernen am Modell nach Bandura

Da BANDURAS Theorie des „Lernens am Modell" als Vorläufer der Handlungstheorien angesehen werden kann und es weiterhin seinen Platz in der Hebammenausbildung hat, soll es in Kurzform dargestellt werden. Das *„Lernen am Modell"* ist unter anderem in der Literatur als *„Beobachtungslernen"*, *„Imitationslernen"* oder *„stellvertretendes Lernen"* bekannt. Es geht darum, dass ein *„Modell"* (eine Person, die anwesend ist oder über ein Medium vermittelt wird) auf einen *„Beobachter"* (eine andere Person) Einfluss ausübt. Nachdem BANDURA in seinen ersten Arbeiten das „Lernen am Modell" behavioristisch erklärt, vertritt er später die Auffassung des sozial-kognitiven Lernens (EDELMANN 1996, 282ff). Auf diese Form soll im Folgenden näher eingegangen werden.

Die sozial-kognitive Lerntheorie besagt, dass viele Verhaltensweisen des Menschen durch das Beobachten von Modellen erlernt werden. In entsprechenden Situationen nimmt der Beobachter Informationen in Form von *„symbolischen Repräsentationen"* auf. Diese werden zu einem späteren Zeitpunkt reproduziert und wirken somit handlungsleitend (BANDURA 1979, 31). BANDURA (1976, 23ff; 1979, 31ff) unterscheidet dabei vier Subsysteme, die in Wechselwirkung zueinander stehen:

Aufmerksamkeitsprozesse

Diese Prozesse bestimmen, welche der modellierten Ereignisse vom Beobachter selektiv wahrgenommen und berücksichtigt werden. Eine Reihe von Faktoren wie die psychischen Merkmale des Beobachters, die modellierte Tätigkeit an sich und der Anreiz diese zu lernen sowie die menschliche Interaktion bzw. die Macht und Ausstrahlungskraft des Modells spielen hierbei eine entscheidende Rolle. Sie tragen zu der Entscheidung bei, ob ein Modell beachtet wird oder nicht. In der Regel werden Modelle gewählt, die gewinnende Eigenschaften aufweisen. Modelliertes Verhalten ist somit unterschiedlich wirksam.

Gedächtnis- bzw. Behaltensprozesse

Damit der Beobachter zu einem späteren Zeitpunkt Nutzen aus dem Modellverhalten ziehen und dieses reproduzieren kann, speichert er seine Erfahrungen symbolisch im Gedächtnis. Dieses Repräsentationssystem beruht auf einer verbalen und einer bildhaften Kodierung und dient dazu, die spätere Ausführung der Tätigkeiten zu steuern. Eine wichtige Gedächtnishilfe stellt hierbei die Wiederholung dar.

Motorische Reproduktionsprozesse

In dieser Phase werden die *„symbolischen Repräsentationen"* umgesetzt in entsprechende Handlungen. Dies geschieht zuerst auf der kognitiven Ebene und zeigt sich anschließend im tatsächlichen Verhalten. Diskrepanzen zwischen Vorstellung und Ausführung werden korrigiert.

Verstärkungs- und Motivationsprozesse bzw. Motivationale Prozesse

Ein Verhalten wird in das eigene Repertoire integriert, wenn die Ergebnisse einen Wert für das Individuum besitzen und als befriedigend wahrgenommen werden. Anpassungsreaktionen zeigen sich besonders dann, wenn ein attraktives Modell mehrfach die gewünschte Reaktion vorführt und den Beobachter auf eine Reproduktion hinweist. Des Weiteren kann das Modell den Beobachter antreiben, wenn er die Nachahmung unterlässt bzw. ihn belohnen, wenn er sie ausführt.
In Kenntnis dieser Prozesse sollte den Ausbilderinnen bewusst sein, dass sie in vielen Situationen als Modell wirken und mit Hilfe der Verstärkung versuchen können, die Schülerinnen an bestimmte Verhaltensweisen heranzuführen. Jedoch wird die Schülerin als eigenständiges Subjekt, in Abhängigkeit der die Situation beeinflussenden Faktoren, selektiv entscheiden, welche der Verhaltensweisen sie in ihr eigenes Repertoire aufnehmen möchte.

4.1.4 Lernen aus konstruktivistischer Sicht

Im Sinne des Konstruktivismus beschreibt SIEBERT (1996, 30f) Lernen als einen *„autopoietischen und selbsttätigen Prozess"*. Aufbauend auf der bereits vorhandenen epistemischen Struktur des Individuums wird mit Hilfe der eigenen Lernmuster und Lernmöglichkeiten neues Wissen konstruiert. Lernen ist somit ein *„selbstreferentieller"*, aber auch ein *„strukturdeterminierter"* Vorgang. Denn die ankommende Information muss in die kognitive Struktur des Lernenden integrierbar sein, um in subjektiv relevantes Wissen umgewandelt werden zu können. Gelernt wird, was in die eigene Biographie, in den sozialen Kontext und zur eigenen Identität passt (SIEBERT 1996, 30f). Somit erfolgt die Konstruktion der Wissensstruktur nach dem Maßstab der *„Viabilität"*, die laut SIEBERT für GLASERSFELD eine Schlüsselkategorie des radikalen Konstruktivismus darstellt. Für ihn ist eine Wahrnehmung bzw. ein Wissen viabel, wenn es zu einer Person und seiner Umwelt passt sowie dem Erreichen der Ziele dieser Person dienlich ist. Viabilität meint *„Gangbarkeit"* oder *„Passung"* und gilt als zentrales Motiv, etwas Neues lernen zu wollen. Lernen ist somit kreativ und schöpferisch mit der Betonung der Individualität und Autonomie und bedeutet *„Eigenes gestalten"* statt *„Vorgegebenes abbilden"*. Lernen beinhaltet Selbsttätigkeit, und der Lehrende hat die Aufgabe, geeignete Voraussetzungen dafür zu schaffen (SIEBERT 1994, 41ff). Der Konstruktivismus geht vereinfacht gesagt davon aus, dass jeder Mensch die Welt selektiv wahrnimmt und erlebt. Registriert werden nur die für den Einzelnen relevanten Reize, wobei eine zirkuläre Verbundenheit zwischen Wahrnehmung, Denken, Fühlen und Handeln besteht. Die Kognition ist immer mit der Lebensgeschichte verknüpft und das Gehirn spiegelt keine Welten, sondern legt diese selbst fest. Die Wirklichkeit wird subjektiv wahrgenommen, und eigene Welten

werden konstruiert, aufbauend auf Bewährtem und Bekanntem mit dem Ziel, das Individuum zu bestätigen. Handlung und Sprache sind dabei eng miteinander verknüpft, und mittels des Bewusstseins ist jeder Mensch außerdem in der Lage, seine Wahrnehmungen zu bewerten, d.h. sich selbst gegenüber eine reflexive Haltung einzunehmen (SIEBERT 1996, 7ff; SIEBERT 1994, 36ff).
Der konstruktivistische Ansatz stellt auch für die Hebammenausbildung einen wertvollen Beitrag dar. Für die pädagogische Arbeit sollte jede Hebamme sich bewusst darüber sein, dass auch das eigene Weltbild nur eine Konstruktion der Wirklichkeit darstellt und ein Transfer auf die Schülerinnen nicht ohne weiteres möglich ist. Jedes einzelne Subjekt verfügt über subjektive Modelle von Wirklichkeiten und nimmt nur selektiv wahr. Einerseits um eine Ordnung herzustellen und andererseits um durch die Fülle der Informationen nicht überfordert zu sein. Pädagogische Prozesse und Lernsituationen sind Ausdruck solcher Modelle und sollten nicht deterministisch verstanden werden (SLOANE 1999, 36f).

4.1.5 Lernen aus handlungstheoretischer Sicht

Ein mittlerweile in der Didaktik weit verbreiteter Begriff ist das Prinzip des *„Handlungsorientierten Lernens"*, das sich in seiner Struktur an die Handlungstheorie anlehnt, indem es die klassischen Kriterien einer vollständigen Handlung berücksichtigt und das Handeln des Subjekts, mit dem Ziel des Erreichens einer umfassenden Handlungsfähigkeit, in den Mittelpunkt des Lernprozesses stellt (SCHAUBE 1996, 17). SCHAUBE (1996, 17) beschreibt:

> *„Handlungsorientiertes Lernen ist ganzheitliches Lernen, bei dem kognitive, affektive und psychomotorische Lernprozesse ineinander verzahnt sind, möglichst viele Sinneskanäle angesprochen werden, soziale Lernprozesse die individuellen Lernaktivitäten ergänzen und in Lernaufgaben eingebunden sind, die mehrere Wissensbereiche umfassen"*

Nach HALFPAP (1996, 11ff) ist Lernen aus handlungstheoretischer Sicht als Aufbau der Handlungsregulation zu verstehen. Auch in diesen Lernprozess ist die Persönlichkeitsbildung integriert. Er kennzeichnet effektives handlungsorientiertes Lernen als *„subjektorientiert"*, *„tätigkeitsstrukturiert"*, *„erfahrungsbezogen"*, *„interaktionsbetont"* und *„ganzheitlich"* und unterscheidet in Anlehnung an HACKER vier Stufen:

Grobstrukturierung des Handlungsplans

Um ein antizipiertes Ziel zu erreichen, müssen das Problem und der Gesamtzusammenhang vom Subjekt erkannt werden. Das Lernen ist situationsspezifisch und enthält hinsichtlich der Ausführung der Tätigkeit eine geringe Qualitätsanforderung.

Feinstrukturierung des Handlungsplans

Es erfolgt die „*Differenzierung des Ablaufplanes*“ mit höherer Qualitätsanforderung an die Ausführung der Tätigkeit. Aktives Üben ist ein Teil dieser Stufe.

Generalisierung des Handlungsplanes

Hier findet der Übergang in die *„intellektuelle Regulationsebene“* statt. Teilprozesse werden zusammengefügt zu einer kompletten Einheit der entsprechenden Situation, so dass umfassende Pläne entstehen, die eine hohe Anforderung an die Qualität der Tätigkeit in Bezug auf die *„strukturierte Ganzheit“* aufweisen.

Flexibilisierung

Diese höchste Lernstufe beinhaltet den Transfer des Handlungsplanes auf andere Situationen sowie den Status der Reflexion und damit auch der kritischen Beurteilung. Die Lernenden konstruieren ihr Wissen und ihre Fähigkeiten autonom.
Die Abbildung 6 soll diesen Prozess veranschaulichen.

Abbildung 6: Handlungstheoretische Hierarchisierung des Lernprozesses

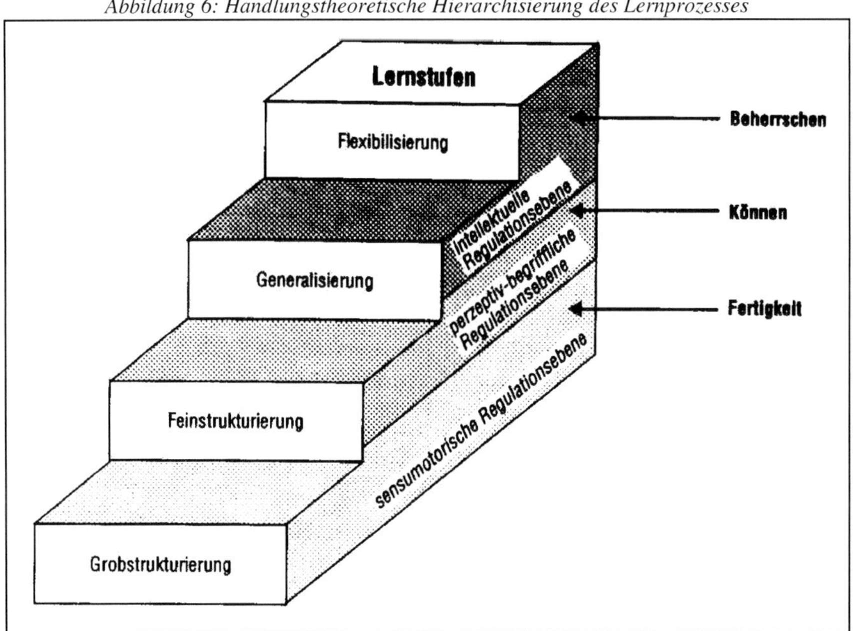

Quelle: Halfpap 1996, 13

Um den Anforderungen in den Berufen des Gesundheitswesens auch in Zukunft gerecht zu werden, bedarf es einer Ausbildung, die nicht nur den Aufbau und den Erhalt von Fachwissen fördert, sondern auch die Entwicklung der Persönlichkeit einbezieht und letztlich die Entstehung von beruflicher Handlungskompetenz gewährleistet. Das handlungsorientierte Lernen ist ein förderlicher Ansatz, um diesem Ziel näher zu kommen. Für die Ausführung einzelner Tätigkeiten in der Hebammenausbildung werden auch im Rahmen der Betreuung der Gebärenden Handlungspläne erstellt. Die Schülerin soll lernen, Probleme und Gesamtzusammenhänge zu erkennen und ein antizipiertes Ziel qualitätsgerecht zu verfolgen. Teilhandlungen sollen differenziert, aber im Anschluss daran auch als Ganzheit erkannt und zusammengefügt werden. Die Handlungspläne sollen einer Reflexion unterzogen und auf andere Situationen übertragen werden können. Dies Aspekte für die Hebammenausbildung zu erkennen und zu beachten sind ein Ziel dieser Arbeit.
Da die Handlungstheorie sowohl für das Lernen der Schülerinnen als auch für die Durchführung der Praxisanleitung als Grundlage genutzt werden kann, soll es im folgenden Abschnitt ausführlicher erläutert werden.

4.2 Handlungstheorie

AEBLI (1993, 13ff) betrachtet die Handlung unter der Prämisse des handelnden Subjekts. Handeln erscheint als eine Abfolge von Episoden, bei der die Bausteine des Handelns, die sogenannten *„Handlungsschemata"*, sich wiederholen. Außerdem geht er wie PIAGET davon aus, dass das *„Denken aus dem Handeln hervorgeht"*. Er unterscheidet einerseits die *„Handlungsfolgen"*, die sich aus Handlungselementen zusammensetzen und schrittweise entworfen werden, wenn etwas Neues gelernt wird und andererseits die *„Handlungsschemata"*, die im Handlungswissen und Handlungsgedächtnis gespeichert werden. Damit verfügt jeder Mensch über sein eigenes Repertoire von Handlungsabläufen, die aus einzelnen Handlungselementen bestehen und die im Laufe des Lebens erweitert werden. Handlungsschemata zeichnen sich nach AEBLI (1998, 185) durch drei Kriterien aus: *„Sie sind als ganze gespeichert"*, jederzeit *„reproduzierbar"* und *„auf neue Gegebenheiten (Dinge, Menschen, Situationen) übertragbar"*. Wie auch MILLER, GALANTER und PRIBRAM schildert AEBLI (1993, 59; 1998, 190) die Handlung als bewusstes, zielgerichtetes Vorgehen, bei der jeder Teilschritt im Hinblick auf das Handlungsziel geplant und strukturiert ausgeführt wird. Ein Handlungsschema kann auf der kognitiven Ebene (kognitives Probehandeln) oder als Handlungsdurchführung realisiert werden. Erwähnenswert sind in diesem Zusammenhang außerdem die von PIAGET geprägten Begriffe der *„Assimilation"* und der *„Akkomodation"*, da sie eine Aussage zum Verhältnis von Handlungsgegenstand und Handlung treffen. Unter der „Assimilation" versteht PIAGET die *„Einverleibung des Gegenstandes in das Schema"* und meint damit die Anpassung des Gegenstandes an die eigene kognitive Struktur bzw. das eigene Hand-

lungsschema. Im Gegensatz dazu wird die Anpassung an die Situation oder den Gegenstand von ihm als „Akkomodation“ bezeichnet, d.h., die eigene kognitive Struktur bzw. das eigene Handlungsschema passt sich dem Gegenstand an (MONTADA 1998, 548; AEBLI 1993, 96f). Ein weiterer wichtiger Aspekt ist darin zu sehen, dass das Subjekt als Akteur sein Handeln und Denken immer wieder reflektiert. AEBLI (1993, 27) nennt dies *„Handlungssteuerung“* und nutzt für sein Konzept zudem die *„TOTE-Einheit“* von GALANTER, MILLER UND PRIBRAM. Danach wird durch die Ausführung oder Wiederholung einer „Operation“ ein Ergebnis erzeugt. Dieses Handlungsergebnis wird mit dem zuvor antizipierten Ziel verglichen (Rückkopplung) und liefert den Impuls zur Weiterführung bzw. zur Wiederholung. Für die Aktivierung eines Handlungsschemas durch den Akteur gehört neben dem Handlungs- und Sachwissen, das zugleich die Handlungskompetenz darstellt, immer auch ein Motiv. Nach VOLPERT (1980, 14) entwickeln Individuen des Weiteren eine *„hierarchisch-sequentielle Handlungsstruktur“*. Das von ihm dargestellte Grundmodell der Handlungsregulation bildet eine zyklische Einheit. Es beginnt ebenfalls mit der *„Zielbildung“* und führt über die *„Planerzeugung“* zum *„Durcharbeiten des Plans“* und zur *„Rückmeldung“* und damit zur Orientierung bzw. dem Übergang zur nächsten Handlung. Komplexität erhält das Modell, weil jede Transformation innerhalb des Zyklus selbst eine zyklische Einheit darstellt. Jede Einheit (mit ihrem Teilziel) kann als Teil einer übergeordneten Einheit (allgemeines Ziel) angesehen werden. So entsteht eine hierarchisch-sequentielle Handlungsorganisation. Vorstellbar ist eine Pyramide von Handlungseinheiten, deren Handlungsziele unterschiedlich erreichbar sind. Je höher die Ebene, desto mehr Teilziele sind erforderlich. Miteinander verkettete Transformationen werden in einzelnen Schritten nacheinander ausgeführt (VOLPERT 1992, 15ff).
Insgesamt lässt sich feststellen, dass die Aspekte *„Innensteuerung durch ein Subjekt“*, *„Entscheidung zwischen Handlungsalternativen“*, *„subjektiver Sinn“*, *„Intentionalität“*, *„Bewusstheit“*, *„flexibles Handlungskonzept“*, *„Verantwortlichkeit“ und „Wissenserwerb“* als wesentliche Merkmale einer Handlung angesehen werden können. Zudem sei erwähnt, dass das *„Problemlösen“* einen *„Sonderfall des Handelns“* darstellt (EDELMANN 1996, 291ff).
Abbildung 7 fasst den Handlungsablauf noch einmal schematisch zusammen.

Abbildung 7: Schematische Darstellung einer Handlung

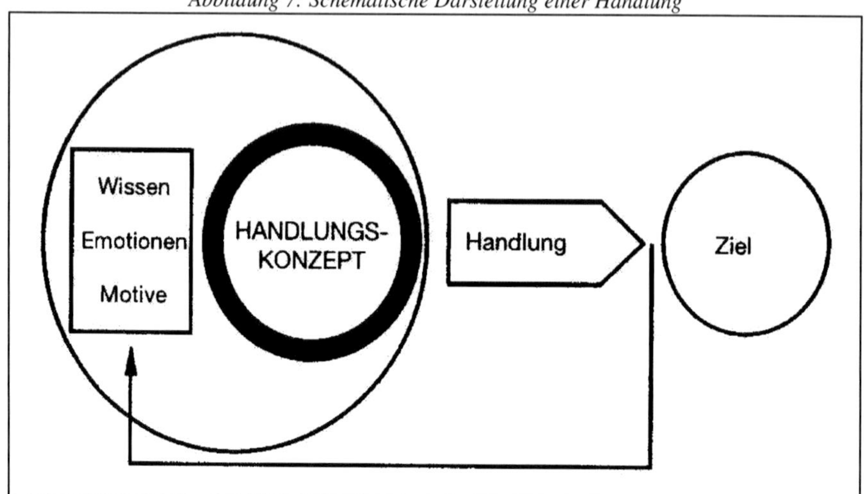

Quelle: Edelmann 1996, 298

Sowohl die Tätigkeiten der Hebamme als auch die Praxisanleitung sollten unter der Prämisse einer vollständigen Handlung gesehen werden. Im Laufe der Ausbildung werden Handlungsschemata aufgebaut und für die Berufstätigkeit genutzt. Die Handlungstheorie kann ganz generell zum Verständnis dieser Zusammenhänge beitragen.

4.2.1 Lernprozess und Handlung

Für den Ablauf eines Lernprozesses sind die einzelnen Phasen des Handlungsprozesses (Handlungszyklus) gut zu transferieren. Im gesamten Verlauf der Ausbildung wird die Schülerin Motive und Emotionen haben bzw. entwickeln, die Handlungen initiieren können. Dabei wird sich ihr Wissen ständig erweitern, so dass sie daran anknüpfen kann, während sie zugleich lernt, einzelne Aspekte miteinander zu vernetzen. Die Schülerin sollte sich im Sinne des Handlungszyklus' ein Ziel setzen und einen Handlungsplan entwerfen sowie die Entscheidung für ein bestimmtes Vorgehen, Hilfsmittel, Zeiten etc. festlegen. Im Anschluss daran findet die Kontrolle der Aufgabe und eine Bewertung dergleichen statt (AEBLI 1998, 182 ff; EFFERT, GRUNDEI, LANGE 1996, 70f). Die Abbildung 8 stellt diesen Prozess schematisch dar.

Abbildung 8: Lernprozess einer vollständigen Handlung

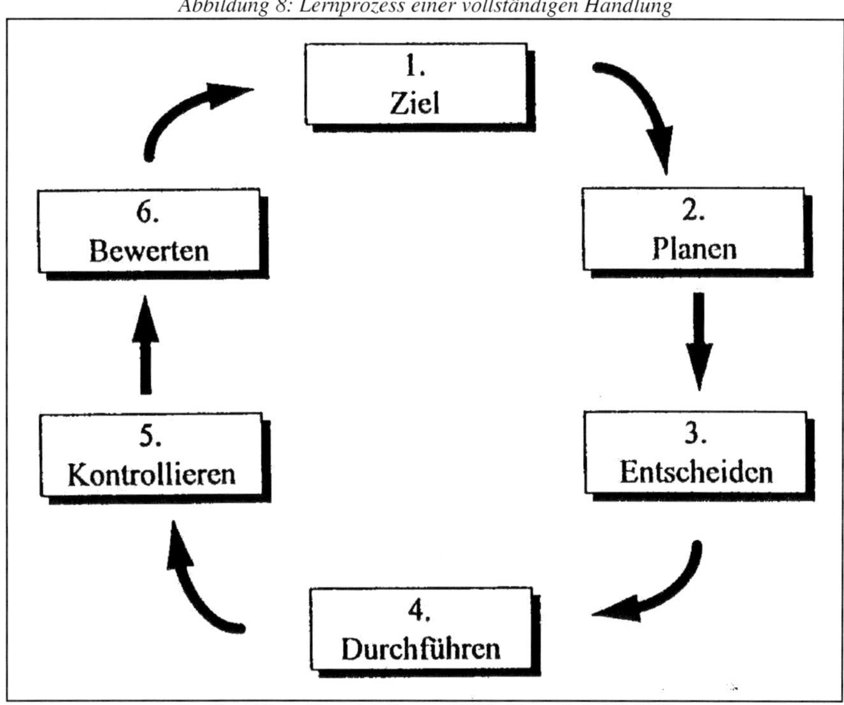

Quelle: Effert, Grundei, Lange 1996, 70 nach Aebli 1989

Lernprozesse im handlungsorientierten Sinne sind somit nicht als *„Abbildungsprozesse“*, sondern als *„aktive Prozesse“* der Schülerin zu verstehen. Es handelt sich um eine selbstorganisierte Auseinandersetzung mit Sachinhalten und spezifischen subjektiven Fragestellungen. Die Schülerin versucht aktiv, Beziehungen herzustellen, Strukturen und Regeln zu finden und handelnd ihre Kompetenzen zu erweitern (PÄTZOLD 1995, 168f). HALFPAP verwendet in diesem Zusammenhang den Begriff der *„Kooperativen Selbstqualifikation“* (HALFPAP 1996, 6f). Diese Sichtweise erfordert ein Umdenken sowohl im Hinblick auf die Gestaltung der Lernsituationen und das Verständnis von Lehren und Lernen als auch auf eine veränderte Rollengestaltung der Lernenden und der Lehrenden.

4.2.2 Aneignungsprozess und Selbstorganisation der Lernenden

SLOANE (1999, 40ff) charakterisiert wie KLINGBERG Lernen als einen *„Aneignungsprozess"*, in dem die Lernende sucht und erkundet, aber auch zielorientiert und problemlösend handelt. Die Schülerin eignet sich einen *„...Lerngegenstand in einer inneren Auseinandersetzung an"*. Sie agiert im Rückgriff auf ihre subjektive epistemische und heuristische Struktur. KLINGBERG beschreibt in seinem didaktischen Modell, dass die Begriffe *„Lehren – Vermittlung – Führung"* in einem dialektischen Verhältnis zu den Begriffen *„Lernen – Aneignen – Selbsttätigkeit"* stehen, und zeigt die *„Subjektposition der Lernenden"* auf. Die Schülerinnen sollen Verantwortung tragen, mitgestalten und mitentscheiden. Sie sollen als Person in ihrer Subjektivität anerkannt und ernst genommen werden (JANK, MEYER 1994, 264ff nach KLINGBERG 1990). Klingberg betont zum Aneignungsprozess der Lernenden in seiner dialektisch orientierten Didaktik: *„Letzten Endes entscheiden die Schüler selbst, was aus einem ‚vorgegebenen' Inhalt in ihren ‚Köpfen' und ‚Händen' wird"* (JANK, MEYER 1994, 278 nach KLINGBERG 1990, 56).

KÖSEL (1997, 198ff) formuliert das *„Prinzip der Selbstorganisation und Selbststeuerung"* und geht davon aus, dass die Lernprozesse eines Menschen ein sich autonom verhaltendes *„...in sich geschlossenes Netzwerk..."* darstellen und die einzelnen Prozesse *„...rekursiv voneinander abhängen"*. Die sich aus dem Subjekt selbst entwickelte *„Ordnung"* differenziert sich durch die Interaktion im sozialen Kontext. Die Lernende trägt Verantwortung für ihr Lernen, wobei die subjektiven Strukturen ihre Berücksichtigung finden müssen. Diese Selbsttätigkeit betont auch DUBS (1997, 78f), indem er fordert, dass die *„Metakognition"* gesteigert werden sollte. Die Schülerinnen sollen über ihr eigenes Lernen nachdenken, damit sie sich Ziele setzen, ihre Lernsituationen analysieren und beurteilen und ihren Lernverlauf selbst steuern können. Das Prinzip der Selbsttätigkeit sollte nach MEYER (1997 Band I, 30) von Anfang an bei den Schülerinnen gefordert und gefördert werden, da die *„Selbständigkeit im Denken, Fühlen und Handeln"* sonst nicht erreicht werden kann. Nach GREIF und KURTZ (1998, 27) treffen die Lernenden im Sinne des *„Selbstorganisierten Lernens"* selbstbestimmt die Entscheidung darüber, was und wie gelernt wird. Für die Entstehung der Kompetenzen betonen ERPENBECK und HEYSE (1999, 131) den engen Zusammenhang von *„Selbstorganisiertem Lernen"* und der Kompetenzentwicklung des Individuums.

Auch die Hebammenschülerinnen sollten ihren Lernprozess stärker selbstorganisiert gestalten dürfen, damit die für den Beruf notwendige Selbstständigkeit und ein hoher Kompetenzerwerb ermöglicht werden können. Es sollte berücksichtigt werden, dass jede Schülerin für ihren Ausbildungsprozess mitverantwortlich ist und es sich beim Lernen um einen Aneignungsprozess handelt, der Eigenaktivität erfordert.

4.2.3 Ausbilderinnen als Beraterinnen

Unter Berücksichtigung der dargestellten veränderten Rolle der Lernenden muss sich zwangsläufig auch ein Rollenwechsel bei den Lehrenden vollziehen. SLOANE (1999, 16) fordert einen Paradigmenwechsel und möchte erreichen, dass die Lernenden zu *„Protagonisten"* des didaktischen Prozesses werden. Die Ausbilderinnen der Hebammenschülerinnen sollten sich als Beraterinnen, Betreuerinnen und Moderatorinnen verstehen, Sensibilität im Umgang mit den Schülerinnen entwickeln und die Selbstorganisation der Lernprozesse zulassen. Sie können durch die Gestaltung geeigneter Lernsituationen die Voraussetzungen für den Erwerb von beruflicher Handlungskompetenz der angehenden Hebammen schaffen und tragen als Ansprechpartnerinnen unter der Maxime der *„subsidiären Führung"* zur Organisation der Ausbildung bei (ARNOLD 1995, 302; HALFPAP 1996, 32). Zu bedenken ist dabei weiterhin, die *„...Schülerinnen dort abzuholen, wo sie stehen!"* (MEYER 1997 Band I, 29) und den gern zitierten Ausspruch einer Schülerin an MARIA MONTESSORI im Hinterkopf zu behalten, die darum bat: *„Hilf mir, es selbst zu tun"* (MEYER 1997 Band I, 47 zit. nach MONTESSORI 1988, 44). Insgesamt gilt zu betonen, dass jemand, der bei anderen Kompetenzen fördern möchte auch selbst Kompetenzen besitzen muss.

4.2.4 Berufliche Handlungskompetenz

Der Erwerb beruflicher Handlungskompetenz sollte auch für die Hebammen als Leitziel der Berufsausbildung angesehen werden. Sie entwickelt sich im Bildungsprozess und impliziert neben dem Erwerb von Wissensstrukturen und heuristischen Strukturen auch die subjektiven Komponenten der einzelnen Individuen (BADER, RUHLAND 1996, 31). Die berufliche Handlungskompetenz lässt sich in mehrere Subkompetenzen, die sich häufig nicht ganz exakt voneinander trennen lassen, aufgliedern und wird definiert als

> *„...die Fähigkeit und Bereitschaft des Menschen, in beruflichen Situationen sach- und fachgerecht, persönlich durchdacht und in gesellschaftlicher Verantwortung zu handeln sowie seine Handlungsmöglichkeiten ständig weiterzuentwickeln"* (BADER, RUHLAND 1996, 31).

Dies beinhaltet auch das selbstständige Problemlösen und eine sich daran anschließende kritische Bewertung des Prozesses (WOLFF 1996, 17). Der Zusammenhang zwischen der beruflichen Handlungskompetenz, den Basiskompetenzen (Fach-, Human- und Sozialkompetenz) sowie den instrumentalen Kompetenzen (Methoden-, Lern- und Sprachkompetenz) lässt sich anhand der in Abbildung 9 dargestellten Begriffspyramide konkretisieren.

Abbildung 9: Begriffspyramide Handlungsorientierung

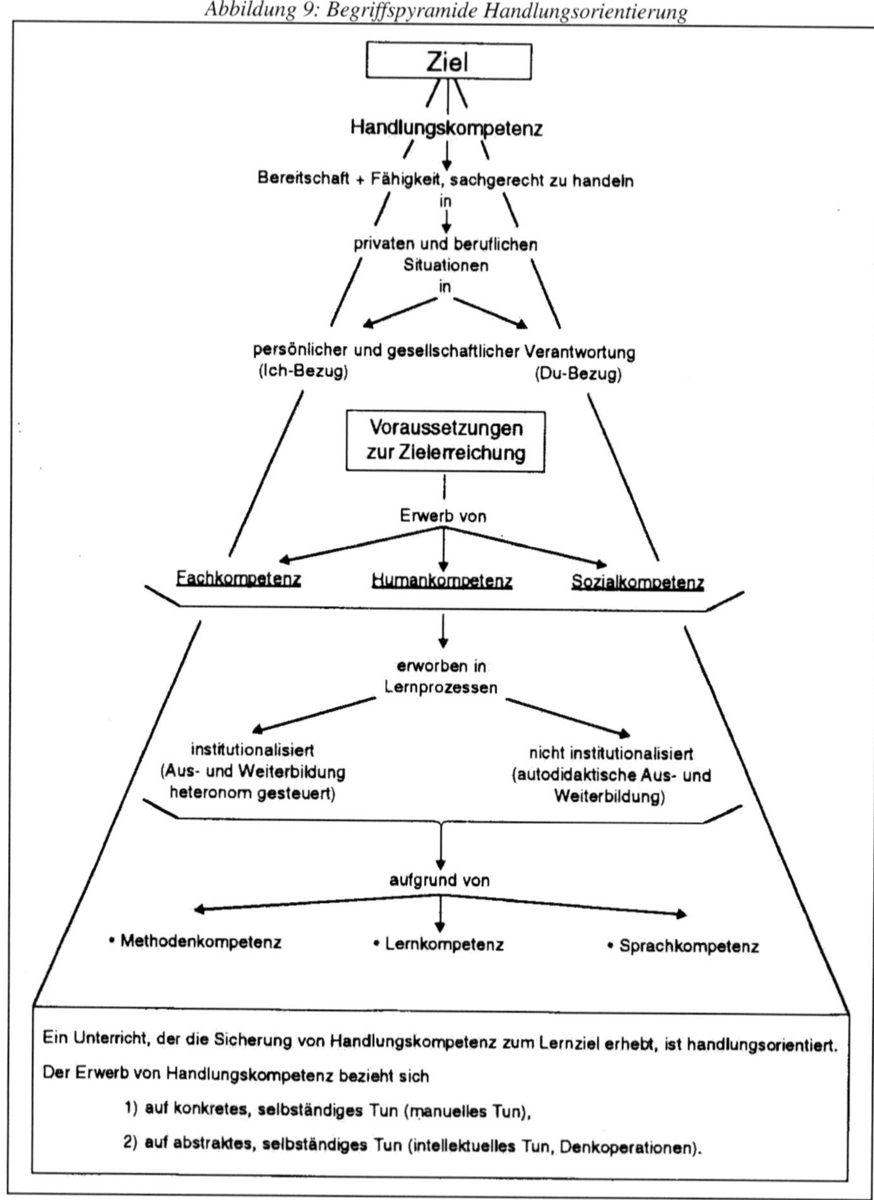

Quelle: Wolff in Schaube 1996, 19

Um ein besseres Verständnis zu gewährleisten, sollen die einzelnen Kompetenzen in Kurzform dargestellt werden. Unter Fachkompetenz versteht man die Fähigkeit „...*Wissen, Fertigkeiten und Können im Handlungs- und Erkenntnisprozess zu praktischem Handeln zu führen*“ (HALFPAP 1996, 16). Die Humankompetenz beinhaltet „...*die Fähigkeit und Bereitschaft, Entwicklungschancen und Restriktionen im eigenen Umfeld...zu reflektieren und zu beurteilen, eigene Begabungen zu erkennen und zu entfalten, Lebenspläne zu schmieden...zu revidieren bzw. weiterzuentwickeln*“ (WOLFF 1996, 18). Ergänzend dazu wird die Sozialkompetenz definiert als „...*Fähigkeit und Bereitschaft, soziale Bindungen, Fraktionen und Animositäten zu erfassen und zu verstehen sowie mit anderen vernünftig und verantwortungsbewußt zu kommunizieren...solidarisch mit Partnern die Lebensumwelt lebenswert zu gestalten*“ (WOLFF 1996, 18). Um diese eher zielgerichteten Kompetenzen erreichen zu können, werden instrumentale Kompetenzen benötigt. Das bedeutet, ein Mensch muss Methodenkompetenz (Denk- u. Lösungsstrategien), Lernkompetenz (individuelle Lerntechniken) und Sprachkompetenz (über gemeinsame Zeichen kommunizieren und Situationen entschlüsseln) aufbauen und diese nutzen (WOLF 1996, 17f). Der Aufbau von Kompetenzen ist auch für die Ausbildung zur Hebamme und die sich daran anschließende Hebammentätigkeit eine wichtige Basis und sollte sowohl in der Theorie als auch in der Praxis gefördert werden.

4.3 Themenzentrierte Interaktion als Basis der Beziehung

Die „*Themenzentrierte Interaktion*“ (TZI) nach RUTH COHN ordnet sich der humanistischen Psychologie zu und eignet sich auch als Basis für die pädagogische Beziehung in der Hebammenausbildung. Als Methode weist die TZI mit dem Ziel des „*Lebendigen Lernens*“ eine definitive Struktur auf, zugleich setzt sie persönliche Wärme, Toleranz und eine positive Einstellung zum Menschen voraus (s. 4.4.2).

4.3.1 Basiskomponenten

COHN geht davon aus, dass jede Gruppeninteraktion durch die vier Faktoren „*Ich, die Persönlichkeit*“, „*Wir, die Gruppe*“, „*Es, das Thema*“ und „*Globe, die Umgebung*“ gekennzeichnet ist. Die drei Beziehungspunkte „Ich“, „Wir“ und „Es“, die in einer Wechselbeziehung zueinander stehen, sollen innerhalb der Interaktion eine dynamische Balance erhalten, wobei der „Globe“ immer berücksichtigt werden sollte. Bildlich betrachtet kann man sich ein in eine Kugel eingebettetes Dreieck vorstellen (COHN 2000, 11ff; LANGMAACK, BRAUNE-KRICKAU 2000, 88). Die Abbildung 10 soll dies unter Berücksichtigung der Hebammenausbildung verdeutlichen.

Abbildung 10: TZI-Dreieck in der Hebammenausbildung

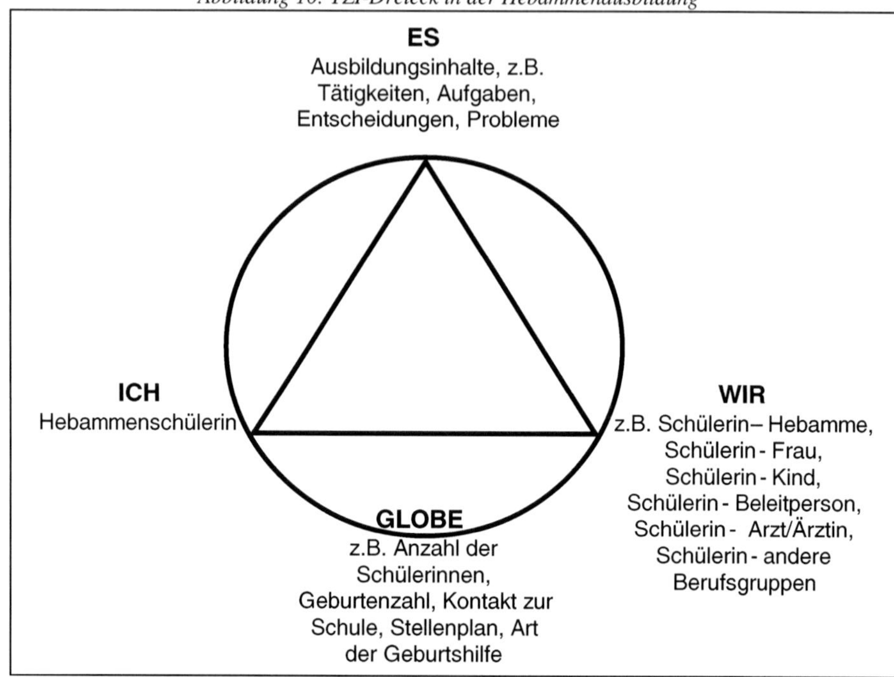

Quelle: Eigenerstellung in Anlehnung an Cohn 2000, 113

Das Thema, z.B. das Erlernen der „Leopoldschen Handgriffe" (Es"), steht im Mittelpunkt der Interaktion zwischen dem „Ich" (der Schülerin) und der Summe der Ichs, dem „Wir". Dieses „Wir" kann sich aus der Schülerin und der Hebamme zusammensetzen, besteht jedoch auch aus den anderen Personen, die an der Interaktion beteiligt sind, wie z.B. der Gebärenden. Darüber hinaus spielt die Umwelt eine wichtige Rolle. Wenn eine Klinik z.B. nicht alle Planstellen besetzt hat, dann kann die Anleitungszeit sehr knapp bemessen sein (COHN 2000, 111ff). Für die pädagogische Beziehung sollten diese Basiskomponenten bedacht und ihre dynamische Balance berücksichtigt werden. Es geht nicht allein darum, den Wissenshorizont und die Problemlösefähigkeit der Schülerin zu erweitern, sondern ihre Subjektivität und der soziale Kontext sollten in der Lernsituation den gleichen Stellenwert erhalten. In diesem Sinne kann die TZI als Grundgerüst zur Förderung der beruflichen Handlungskompetenz beitragen. Ein Anspruch, der nicht als Überforderung, sondern als Herausforderung verstanden werden sollte. Passend dazu formuliert COHN (1993, 331): *„Ich bin nicht ohnmächtig. Ich kann nicht gar nichts. Ich bin nicht allmächtig. Ich kann nicht alles. Ich bin teilmächtig: Ich kann, was ich kann"*.

4.3.2 Menschenbild

Das Menschenbild, wie es die humanistische Psychologie und damit auch der Ansatz der TZI vertritt, zeichnet sich durch Akzeptanz, Wachstumsorientierung, Förderung, Entfaltung und Verantwortung aus. Diese Aspekte entsprechen einem Menschen, der vergangenheitsinteressiert in der Gegenwart handelnd seine Zukunft entwickelt, wobei zugleich die Umwelt und die Interessen anderer Menschen wahrgenommen und einbezogen, Unterschiede akzeptiert sowie Lernchancen und Entwicklungsmöglichkeiten genutzt werden (LANGMAACK, BRAUNE-KRICKAU 2000, 88ff; LANGMAACK 2000, 163ff). Somit ist TZI ein Konzept, das die Lern- und Veränderungsprozesse der Schülerinnen im holistischen Sinne unterstützt und Subjektivität, Verantwortung und Akzeptanz befürwortet. Dies stellt eine wichtige Voraussetzung für das Gelingen einer positiven pädagogischen Beziehung dar.

4.3.3 Axiome und Postulate

Die Grundlage der Themenzentrierten Interaktion bilden drei Axiome, die als wertbetonende Voraussetzung hinter dem Menschenbild stehen und von COHN (2000, 120) wie folgt erläutert werden:

- *„Der Mensch ist eine psycho-biologische Einheit. Er ist auch Teil des Universums. Er ist darum autonom und interdependent. Autonomie (Eigenständigkeit) wächst mit dem Bewusstsein der Interdependenz (Allverbundenheit).“*
- *„Ehrfurcht gebührt allem Lebendigen und seinem Wachstum. Respekt vor dem Wachstum bedingt bewertende Entscheidungen. Das Humane ist wertvoll; Inhumanes ist wertbedrohend.“*
- *„Freie Entscheidung geschieht innerhalb bedingender innerer und äußerer Grenzen. Erweiterung dieser Grenzen ist möglich.“*

Aus diesen Axiomen leitet COHN (2000, 120ff) zwei Postulate ab, die während einer Interaktion befolgt werden sollen. Das erste Postulat *„Sei dein eigener Chairman, der Chairman deiner selbst“* sagt aus, dass sich jeder Mensch seiner inneren, aber auch der äußeren Gegebenheiten bewusst sein sollte und jede Situation als Angebot bezüglich seiner Entscheidungen verstehen möge. Nehmen und Geben sollten immer in persönlicher und sozialer Verantwortung geschehen. Ergänzend dazu betont das zweite Postulat *„Störungen haben Vorrang“* und fordert dazu auf, Hindernisse zu beachten, sowohl die eigenen als auch die der anderen Personen.

Bei der TZI handelt es sich um ein Konzept, auf dem die Hebammenausbildung basieren könnte und das zugleich als Basis für die Beziehung zu den Schwangeren, Gebärenden, Wöchnerinnen, Neugeborenen und deren Begleitpersonen eingesetzt werden kann. Sowohl die einzelnen Schülerinnen als auch die einzelnen Ausbilderinnen können in diesem Ansatz ihre Berücksichtigung erfahren.

4.3.4 Eisbergmodell und TZI

Die Erörterung der TZI gibt u.a. Aufschluss über den *„sachlogischen"* und den *„psychosozialen"* Zusammenhang, wann immer Menschen sich begegnen, miteinander arbeiten, Probleme lösen oder ähnliches. Innerhalb der Prozesse sind jedoch die psychosozialen Aspekte häufig weniger offensichtlich und schwieriger zu formulieren als die reinen Sachaspekte. In der Literatur wird die Analogie zu einem *„Eisberg"* hergestellt, der einen sichtbaren Teil (Sachebene) oberhalb und einen verborgenen Teil (emotionale/soziale Ebene) unterhalb der Wasseroberfläche besitzt. Um auf der Sachebene zu Ergebnissen zu gelangen, müssen beide Ebenen gleichwohl bedacht werden (LANGMAACK 2000, 19ff). Die Kombination mit dem TZI-Dreieck erscheint für diese Erklärung logisch und wird in der Abbildung 11 veranschaulicht. Auch zur Hebammenausbildung im System „Krankenhaus" werden mit dieser Grafik viele Parallelen offensichtlich. Unterhalb der Wasseroberfläche breiten sich die informalen Aspekte aus, die das Denken und Handeln in der Institution prägen und zu denen die geheimen Regeln der Organisation und damit auch die Ängste, die persönlichen Einstellungen, die Emotionen, die Werte und die Erfahrungen gehören. Sie können im Rahmen der formalen Aspekte implizit z.B. in Form von bestimmten Arbeitsweisen der Mitarbeiter sichtbar werden (VON EIFF 2000, 165).

Abbildung 11: Eisberg und Dreieck

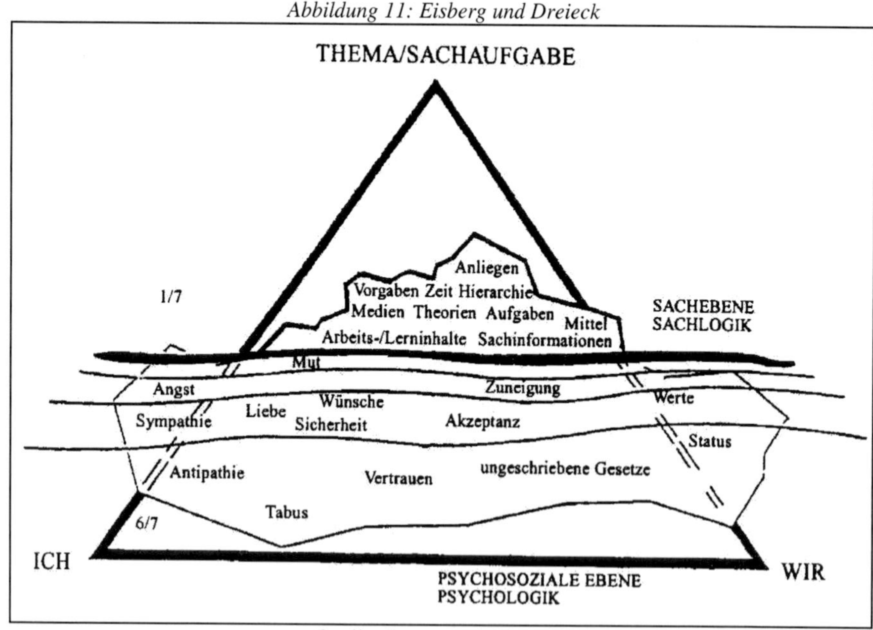

Quelle: Langmaack 2000, 23

4.4 Kommunikation und Anleitung

Einen wesentlichen Aspekt in der Anleitungssituation stellt die Kommunikation zwischen der Schülerin und der anleitenden Hebamme dar. In den Abschnitten 2.2.2 und 2.3.4 konnte aufgezeigt werden, dass die Kommunikationsstrukturen in den einzelnen Hebammenschulen sehr differieren. Für eine gelungene Anleitung und eine positive Gestaltung der Zusammenarbeit sollten jeder Ausbilderin und auch jeder Schülerin die grundlegenden Faktoren der Kommunikation bekannt sein.
Ganz allgemein wird der Ablauf einer Kommunikation als die Codierung einer Botschaft durch einen Sender und die folgende Decodierung der Botschaft durch einen Empfänger skizziert. Dabei handelt es sich um ein schnelles Wechselspiel, d.h., der Empfänger wird nach der Entschlüsselung der Nachricht selbst zum Sender, indem er die Information beantwortet (LANGMAACK, BRAUNE-KRICKAU 2000, 167f). In kommunikativen Situationen geht es nicht nur darum, Wissen zu erlangen, sondern auch um die Gestaltung der zwischenmenschlichen Beziehung. Je weniger offene Kommunikation stattfindet, desto stärker werden *„Macht- und Geltungsmotive"* (STROEBE 1991, 26f). Auch für die Anleitungssituation gilt das von WATZLAWICK, BEAVIN und JACKSON (2000, 53ff) formulierte Axiom *„Man kann nicht* nicht *kommunizieren"*, denn selbst ohne verbale Anteile senden die Menschen durch ihre Körpersprache und ihren Habitus Signale an die Umwelt. Außerdem schildern die Autoren *„...einen Inhalts- und einen Beziehungsaspekt"*, den jede Nachricht enthält. Diese wichtige Grundlage für den Aufbau und die Entschlüsselung kommunikativer Situationen nutzt auch SCHULZ VON THUN in seinem Kommunikationsmodell, das im Folgenden näher beschrieben werden soll.

4.4.1 Vier Seiten einer Nachricht nach Schulz von Thun

SCHULZ VON THUN (1994, 13ff) schildert in seinem Modell, dass es sich bei der Betrachtung der zwischenmenschlichen Kommunikation um ein vierdimensionales Geschehen handelt. Für ihn enthält jede Nachricht eines Senders einen *„Sachaspekt"*, einen *„Selbstoffenbarungsaspekt"*, einen *„Beziehungsaspekt"* und einen *„Appellaspekt"*. Der Sender muss somit alle vier Seiten der Nachricht beherrschen, um Störungen z.B. durch eine einseitige Kommunikation zu vermeiden. Der Empfänger muss dementsprechend in der Lage sein, diese vier Aspekte auf- und wahrzunehmen. SCHULZ VON THUN spricht vom *„vierohrigen Empfänger"*, der in der Abbildung 12 graphisch dargestellt wird. Störungen entstehen an dieser Stelle, wenn der Empfänger mit einem Ohr stärker wahrnimmt bzw. auf eine Seite der Botschaft verstärkt reagiert. Außerdem muss bedacht werden, dass sich die *„innere Reaktion"* und die *„Rückmeldung"* des Empfängers aus den subjektiven Vorgängen der Wahrnehmung, der Interpretation und der Emotion zusammensetzen.

Abbildung 12: Der „vierohrige Empfänger“

Quelle: Eigenerstellung, in enger Anlehnung an Schulz von Thun 1994, 45

Ganz allgemein kann eine Nachricht *„explizite“*, d.h. ausdrücklich gesagte, aber auch *„implizite“* Anteile, die nicht direkt formuliert werden, jedoch in der Nachricht enthalten sind, beinhalten. Für die impliziten Botschaften wird häufig die nonverbale Kommunikation genutzt, die über Intonation, Mimik und Gestik gesendet wird. Des Weiteren kann eine Nachricht *„kongruent“* und damit in ihrer Aussage stimmig oder *„inkongruent“* sein. Die Inkongruenz zeichnet sich dadurch aus, dass verbale und nonverbale Signale einander widersprechen (SCHULZ VON THUN 1994, 33ff).
Die Kenntnis dieser Grundlagen kann den Hebammen und den Hebammenschülerinnen helfen, Missverständnisse zu vermeiden bzw. aufzuklären und den Kommunikationsprozess besser zu verstehen und zu reflektieren. Somit kann auch die sogenannte *„Metakommunikation“*, d.h. die *„Kommunikation über die Kommunikation“* (SCHULZ VON THUN 1994, 91), in der Anleitungssituation ihren Platz finden. Ein wichtiges Motto für diese Situationen lautet: *„Willst Du ein guter Kommunikator sein...dann schau auch in dich selbst hinein...dann nimm auch den Systemblick ein“* (SCHULZ VON THUN 2000, 15).

4.4.2 Gesprächsführung nach Rogers und Cohn

Die Grundvoraussetzung einer gelungenen Kommunikation ist die positive Gestaltung der zwischenmenschlichen Beziehung (s. 4.3). ROGERS (1991, 47ff) zeigt *„Gesetzmäßigkeiten“* für den Aufbau *„therapeutischer Beziehungen“* auf und nimmt eine Anwendbarkeit dergleichen für alle sozialen Beziehungen an. Für ihn geht es darum, innerhalb einer Beziehung *„Authentizität“* (Echtheit) und *„Transparenz“* zu zeigen. Um diese wichtige *„Realität“* in die Beziehung einfließen lassen zu können, müssen einer Person die individuellen Gefühle bewusst sein und ehrlich ausgedrückt werden.

Außerdem betont er die Relevanz, anderen Menschen Wertschätzung, Akzeptanz und Empathie entgegenzubringen. Nur so kann es gelingen, dass der andere sich innerhalb der Beziehung selbst erfährt und versteht, sich integriert fühlt, effektiv agiert und sowohl „*Selbständigkeit*“ und „*Selbstbewusstsein*“ zeigt als auch seine Persönlichkeit entwickelt. ROGERS bezeichnet den „*Drang zur Selbstaktualisierung*“ und zur „*Entfaltung*“ als „*Haupttriebfeder des Lebens*“ und gibt an: „*Wenn ich eine gewisse Art von Beziehung herstellen kann, dann wird der andere die Fähigkeit in sich selbst entdecken, diese Beziehung zu seiner Entfaltung zu nutzen, und Veränderung und persönliche Entwicklung finden statt*“ (ROGERS 1991, 47). Da daran jeder Ausbilderin gelegen sein sollte, kann sie versuchen, positive Bedingungen für die Beziehung zu den einzelnen Schülerinnen zu schaffen.
Um Kommunikationssituationen professionell zu gestalten, können zudem gesprächsfördernde Regeln ihre Beachtung finden. COHN (2000, 123ff) formuliert in ihrem Konzept der TZI „*Hilfsregeln*“ für „*interaktionelle Gruppen*“, die der Verwirklichung der Postulate dienen, universell anwendbar sind, zugleich aber nicht verabsolutiert werden sollen. Diese Regeln können auch in der Gesprächsführung während einer Anleitungssituation als Hilfsmittel ihren Einsatz finden und sollen somit an dieser Stelle zum Teil aufgezeigt werden.

- „*Vertritt dich selbst in deinen Aussagen; sprich per »Ich« und nicht per »Wir« oder per »Man«.*“

Mit dieser Regel wird die Übernahme der Verantwortung für die eigenen Aussagen sichergestellt.

- „*Wenn du eine Frage stellst, sage, warum du fragst und was deine Frage für dich bedeutet. Sage dich selbst aus und vermeide das Interview.*“

Durch die Darlegung der Gründe wird die Persönlichkeit und Klarheit hinsichtlich der Informationswünsche deutlich und damit authentisch.

- „*Sei authentisch und selektiv in deinen Kommunikationen. Mache dir bewusst, was du denkst und fühlst, und wähle, was du sagst und tust.*“

Selektivität und Authentizität schaffen Vertrauen und Verständnis und damit Annäherung und Kooperation. Die Aussagen sollten reflektiert sein und ein Wertebewusstsein zeigen.

- „*Halte dich mit Interpretationen von anderen so lange wie möglich zurück. Sprich statt dessen deine persönlichen Reaktionen aus.*“

- „*Sei zurückhaltend mit Verallgemeinerungen.*“

Interpretationen, die nicht korrekt oder zeitlich unangebracht sind, erzeugen Abwehr beim Gegenüber und können ebenso wie Verallgemeinerungen den Prozess blockieren.

- *„Wenn du etwas über das Benehmen oder die Charakteristik eines anderen Teilnehmers aussagst, sage auch, was es dir bedeutet, dass er so ist, wie er ist (d.h. wie du ihn siehst).“*

Hier wird die Subjektivität der eigenen Meinung in den Vordergrund gestellt, die Dialoge begünstigen kann, wenn sie gezielt eingesetzt wird.

- *„Beobachte Signale aus deiner Körpersphäre und beachte Signale dieser Art bei den anderen Teilnehmern.“*

Auch die nonverbale Kommunikation hat einen entscheidenden Einfluss auf die Durchführung und Deutung kommunikativer Situationen (COHN 2000, 115 ff).
Um Zusammenhänge zu erfassen, Wahrnehmungen zu überprüfen und dem Gesprächspartner Aufmerksamkeit zu schenken, ist die Fähigkeit des *„Aktiven Zuhörens“* ein weiterer wichtiger Punkt in kommunikativen Situationen. Im Anschluss daran kann das Gehörte *„paraphrasiert“*, d.h., mit eigenen Worten wiedergegeben werden, um sicherzustellen, dass man den anderen richtig verstanden hat (CRISAND 1994, 25).
Unter Zuhilfenahme dieser Regeln und des geschilderten Arrangierens einer positiven Beziehung können sowohl die Hebammen als auch die Schülerinnen akzeptable Kommunikationsstrukturen konstruieren.

4.4.3 Johari-Fenster nach Luft und Ingham

In dem sogenannten *„Johari-Fenster“* von LUFT und INGHAM werden vier Bereiche einer Person aufgezeigt, die sich durch soziale Interaktionen z.T. verändern können. Die Abbildung 13 zeigt diese vier Felder auf.

Abbildung 13: Vier Fenster zur Persönlichkeit

Verhalten ist...	*mir bekannt*	*mir unbekannt*
anderen bekannt	**A** **Öffentliche Person** Dieser Teil meiner Verhaltensweisen und Motivationen ist mir selbst bekannt und für andere wahrnehmbar.	**C** **Blinder Fleck** Der Teil des Verhaltens, der für andere erkennbar, mir jedoch nicht bewusst ist. Abgewehrte und nicht mehr bewusste Gewohnheiten gehören dazu.
anderen unbekannt	**B** **Private Person** Der Bereich meines Verhaltens, der mir bekannt und bewusst ist, den ich aber anderen nicht bekannt gemacht habe oder machen will.	**D** **Dunkelkammer** Dieser Bereich umfasst Vorgänge, die weder mir noch anderen bekannt sind (in der Tiefenpsychologie das Unbewusste).

Quelle: Langmaack 2000, 173 nach Luft u. Ingham

So wie jeder Mensch von sich selbst ein Bild entwickelt (Selbstbild), entwickelt er auch von seinen Mitmenschen ein Bild (Fremdbild). In der Realität stimmen dieses Selbstbild und das Fremdbild häufig nicht miteinander überein. Während die Mitmenschen den *„blinden Fleck"* des Interaktionspartners wahrnehmen, ist diesem das entsprechende Verhalten nicht bewusst. Um diese Anteile der eigenen Persönlichkeit kennen zu lernen und somit eine Transparenz herzustellen, wird ein Feedback aus der Umwelt benötigt. Auch für die Entwicklung des Selbstkonzeptes ist dies ein wichtiges Kriterium. Offene Kommunikationsprozesse zwischen der Hebammenschülerin und der Hebamme können helfen, den persönlichen *„blinden Fleck"* zu verkleinern und somit auch zur Identitäts- und Persönlichkeitsentwicklung beider Partner beitragen. Fremd- und Selbstbild können sich einander annähern, was dazu führt, dass bei dem anderen zunehmend die Prozesse in Gang gesetzt werden, deren Entstehen auch beabsichtigt wurden (FENGLER 1998, 16; LANGMAACK 2000, 172).

4.4.4 Feedback

Der aus der Kybernetik stammende Begriff *„Feedback"* meint *„Rückmeldung"* oder *„Rückkoppelung"* von Informationen bzw. Eindrücken und wird in gruppendynamischen bzw. sozialen Prozessen eingesetzt, um zwischenmenschliche Beziehungen zu verbessern und Klärungen herbeizuführen. Es gleicht in seinem Ablauf dem Kommunikationsprozess, denn ein Sender beobachtet ein Verhalten und schildert seinen Eindruck aus subjektiver Sicht dem Empfänger. Da ein Feedback nur einem Menschen gegeben werden kann, der etwas über sich mitteilt, handelt es sich immer um ein Wechselverhältnis zwischen Selbstmitteilung und Feedback (FENGLER 1998, 12ff). Die Ziele des Feedbacks bestehen zum einen darin, den Feedback-Nehmer darauf aufmerksam zu machen, wie sein Verhalten durch den Feedback-Geber gesehen wird und was es diesem in positiver und in negativer Hinsicht bedeutet. Zum anderen erhält der Feedback-Nehmer Informationen über die individuellen Emotionen und Bedürfnisse des Feedback-Gebers sowie eine Mitteilung darüber, welche Änderungen seines Verhaltens zu einer Erleichterung der Zusammenarbeit beitragen könnten (POHL, WITT 2000, 65; LANGMAACK 2000, 169f). Nicht nur die Hebammenschülerin sollte im Sinne einer Lernquelle ein Feedback von der anleitenden Hebamme erhalten, sondern umgekehrt sollte auch die Hebamme an einem Feedback seitens der Schülerin interessiert sein. Um Verletzungen beim Gegenüber zu vermeiden und eine positive Wirkung zu erzielen, sollten dem Interaktionspartner Sensibilität und Respekt entgegengebracht und der *„Denk- und Erlebnisrahmen"* des Empfängers in der Feedback-Formulierung berücksichtigt sein.

Darüber hinaus sollten folgende Feedback-Regeln eingehalten werden:

- Das Feedback sollte zur rechten Zeit und damit besser sofort und situativ und nicht zeitlich verzögert und rekonstruierend gegeben werden.
- Es sollte nicht aufgezwungen, sondern vom Empfänger gewünscht sein und somit als Einladung und nicht als Zurechtweisung verstanden werden.
- Die wahrgenommenen Sachverhalte sollen beschrieben und nicht bewertet oder interpretiert werden.
- Das Feedback sollte konkret statt allgemein erfolgen.
- Es sollte klar formuliert und nicht verschwommen dargestellt sein.
- Es sollte sich auf das Verhalten und nicht auf den Charakter beziehen.
- Es sollen Ich-Botschaften und eigene Gefühle und Wünsche gesendet werden.
- Außerdem sollte das Feedback durch Dritte überprüfbar sein.
  (FENGLER 1998, 22; POHL, WITT 2000, 65)

Auch das Annehmen eines Feedbacks kann durch einige Kommunikationsregeln erleichtert werden. Der Feedback-Nehmer sollte nicht in eine Verteidigungsposition geraten bzw. versuchen, die Situation klarzustellen oder Gegenargumente zu liefern, sondern aufmerksam zuhören und den Feedback-Geber nicht unterbrechen. Um den Effekt, der ausgelöst wurde, richtig zu verstehen, kann der Feedback-Nehmer jedoch paraphrasierend klärende Fragen stellen. Auch das eigenen Empfinden in Bezug auf die Situation kann dargestellt werden (VON EIFF 2000, 147f; FISHER, RAYNER, BELGARD 2000, 225). Ein Feedback ernst zu nehmen bedeutet nicht, das Verhalten den Wünschen des Feedback-Gebers entsprechend vollständig zu verändern. Allein durch das Verbalisieren und die Aufnahme des Feedbacks können Situationen verändert, die Selbstwahrnehmung gestärkt, störende Verhaltensweisen korrigiert, hilfreiches Verhalten verstärkt und positive Verbindungen zwischen Menschen geschaffen werden (FENGLER 1998, 23; LANGMAACK 2000, 170). Auch die Hebammen und die Hebammenschülerinnen können die Chance eines regelmäßigen gegenseitigen Feedbacks nutzen und dadurch ihre Selbstwahrnehmung, ihr Selbst-Verstehen und ihre Kompetenzen erweitern.

4.5 Teamarbeit

Im Gesundheitswesen rücken nicht zuletzt aufgrund der ökonomischen Zwänge neue Managementkonzepte in den Mittelpunkt der Diskussionen, so dass in diesem Abschnitt ein kurzer Exkurs in Richtung Teamarbeit sinnvoll erscheint. Wenn es sich während der Zusammenarbeit im Rahmen der Praxisanleitung auch vorwiegend um eine Dyade, d.h. um die Zweiheit „Hebamme-Hebammenschülerin" handelt, die nicht in allen Definitionen als Gruppe begriffen wird, so stellt die Teamarbeit für das Berufsfeld der Hebamme gleichwohl ein zentrales Thema dar. Besonders innerhalb der Klinik treten viele *„Reibungspunkte"* bezüglich der Zusammenarbeit auf (KERLEN-PETRI 2000, 249f). Für ein Unternehmen, das dauerhaft bestehen möchte, wird die Qualität professioneller Interaktionen inzwischen zum Erfolgsfaktor. Erhöhte *„Prozessqualität, Kundenorientierung"* und *„Mitarbeiterzufriedenheit"* führen im Rahmen des Qualitätsmanagements zu Umstrukturierungen in Organisationen. Die Kreativität und das Potential der Mitarbeiter werden als *„Ressource Mensch"* erschlossen und die *„Teamfähigkeit"* in Stellenausschreibungen weitgehend gefordert. Dabei liegt der Faktor *„Selbstverantwortung"* eingebettet im sozialen Kontext der Teamarbeit, für die Kooperation und ein innovatives Führungsverständnis erforderlich sind (POHL/WITT 2000, 12ff). VON EIFF (2000, 209) fordert an dieser Stelle den Wechsel der Führungsstile vom *„3-K-Stil"*, dem *„Kommandieren, Kontrollieren, Korrigieren"*, zum *„3-F-Stil"*, d.h., *„Fordern, Fördern, Feedbacken"*.

4.5.1 Begriffsklärung und Merkmale

Die vielfältigen Definitionen von Teams und Gruppen sollen an dieser Stelle nicht ausführlich dargestellt werden. Für die Klärung der Begriffe wird das Kreißsaal- bzw. Geburtshilfeteam wohl am ehesten als *„Arbeitsteam"* angesehen. Darunter wird eine *„formale Gruppe"* verstanden, die mit *„überwiegend ausführender Tätigkeit"* selbstständig zusammenarbeitet (KAUFFELD 2001, 21 nach HEEG 1988). Aufgrund der klar definierten Berufsaufgaben einer Hebamme, die zum großen Teil selbstständig und ganzheitlich ausgeführt werden, sollte ergänzend dazu jedoch von einer *„teilautonomen"* bzw. *„selbstregulierenden Arbeitsgruppe"* ausgegangen werden. Im thematischen Zusammenhang könnten die Betreuung der Schwangeren, die Geburtshilfe sowie die Ausbildung der Hebammenschülerinnen die *„gemeinsamen Arbeitsaufgaben"* des Hebammenteams darstellen (ANTONI 2000, 26). Die Merkmale, die Arbeitsgruppen ausmachen und somit auch für ein Hebammenteam gelten können, werden in Abbildung 14 in ihrer Zusammenfassung als Schaubild dargestellt.

Abbildung 14: Merkmale von Gruppenarbeit

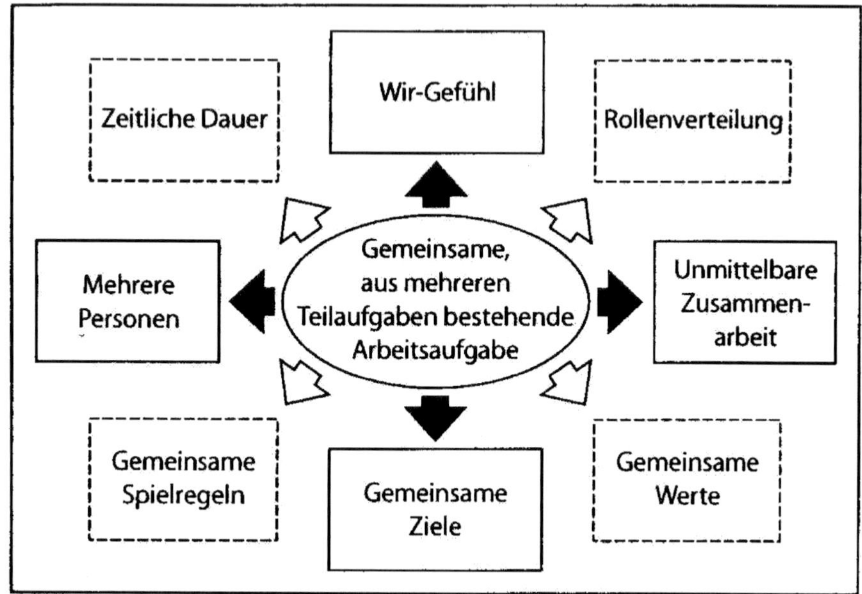

Quelle: Antoni 2000, 21

4.5.2 Teamförderliche Faktoren

POHL und WITT (2000, 48) gehen davon aus, dass zur Förderung von Teamarbeit *„adäquate formale Voraussetzungen"* geschaffen werden müssen. Es soll eine Förderung des *„Teamlernens"* sowie der *„Reflexion und Veränderung von Verhaltensmustern"* angestrebt werden. In Anlehnung an BAUER werden von ihnen zwölf Faktoren, die die Teamarbeit fördern, formuliert. Demnach zeichnen sich neue Formen der Zusammenarbeit dadurch aus, dass

- das *„Vertrauen"* der *„Kontrolle"* übergeordnet ist,
- der *„Mut zu Veränderungen"* unterstützt wird,
- *„dynamische Interaktionsprozesse"* analysiert und gesteuert werden,
- die *„gegenseitige Akzeptanz"* gefördert wird,
- das Unternehmen eine *„lebenswerte"* Gestaltung erfährt,
- *„Anerkennung"* gegeben und angenommen werden kann,
- die Unterschiede der Individuen als *„positive Qualität"* betrachtet werden,
- das *„Spannungsverhältnis"* zwischen der einzelnen Persönlichkeit und der Gruppenkohäsion akzeptiert wird,

- Differenzen *„bewusst, offen und direkt"* angenommen werden,
- das Handeln auf den *„gemeinsam erarbeiteten Werten"* basiert,
- Gefühle wahrgenommen und zugelassen werden
- und die Akzeptanz der eigenen Person stattfindet (POHL/WITT 2000, 49 in Anlehnung an BAUER 1996, 71).

Diese Entwicklung der Teamfähigkeit der Hebammen und Hebammenschülerinnen sollte aktiv z.B. in Form eines *„Interaktionstrainings"* und durch Methoden wie *„Team-Coaching"* geübt werden (POHL/WITT 2000, 49). Ein kooperatives Arbeitsklima trägt außerdem dazu bei, Unsicherheit und Angst handhabbar zu machen und zu bewältigen. Ein durchaus wichtiger Aspekt, nicht nur für die Praxisanleitung, sondern auch im Hinblick auf die knappen Ressourcen im Gesundheitswesen, die mit Stellenabbau und Kostendämpfung den Klinikalltag belasten. Positive soziale Strukturen wirken hier als Gegengewicht und schaffen Stabilität (HÖFLINGER 1998, 572). Auch für die Arbeit in der Dyade „Hebamme – Hebammenschülerin", können die dargestellten teamfördernden Faktoren gelten, denn *„Teamgeist"* kann auch dort entstehen, wo keine konkreten Gruppenverhältnisse vorliegen (LEUZINGER, LUTERBACHER 1994, 133).

4.6 Zusammenfassung

Dieses Kapitel zeigte grundlegende Elemente auf, die als Basis für die Empfehlungen zur Praxisanleitung von Hebammenschülerinnen und damit auch zur Gestaltung der Zusammenarbeit gelten sollen. Die Berufsausbildung zur Hebamme sollte dem Anspruch des in unserer heutigen Gesellschaft geforderten Prinzips des „lebenslangen Lernens" möglichst gerecht werden und muss somit neben der fachlichen Befähigung zur Ausübung dieser Tätigkeit auch die Persönlichkeitsentwicklung der Schülerinnen integrieren.

Die anleitenden Hebammen können durch das Schaffen geeigneter Lernsituationen die Schülerinnen in ihrem Lernprozess unterstützen, sie beraten und begleiten. Dabei sollten sie versuchen, den einzelnen Lerntypen gerecht zu werden und möglichst viele Lernkanäle anzusprechen. Handlungsorientierte Lernprozesse begünstigen durch ihre Ganzheitlichkeit die Behaltensleistung, stellen das Subjekt in den Mittelpunkt des Lernprozesses, implizieren die Persönlichkeitsbildung und berücksichtigen die klassischen Kriterien einer vollständigen Handlung. Sie sind somit für den Aufbau einer umfassenden Handlungsfähigkeit besonders geeignet. Darüber hinaus sollte den anleitenden Hebammen bewusst sein, dass sie in vielen Situationen als Modell fungieren und auch hier gezielt versuchen können, die Schülerinnen an bestimmte Verhaltensweisen heranzuführen.

Insgesamt muss im Sinne des Konstruktivismus jedoch bedacht werden, dass es sich beim Lernen um einen autopoietischen und selbsttätigen Prozess handelt. Jede Schülerin nimmt selektiv wahr und wird somit nur das Verhalten in ihr eigenes Repertoire

aufnehmen, welches in ihre individuelle Biographie, in den sozialen Kontext und damit zu ihrer eigenen Identität passt. Das subjektive Weltbild jeder einzelnen Persönlichkeit stellt eine Konstruktion der Wirklichkeit dar und erfolgt nach dem Maßstab der Viabilität. Dies gilt für die Hebammen ebenso wie für die Schülerinnen. So kann das Lernen zudem als selbstorganisierter aktiver Prozess bzw. als Aneignungsprozess der Lernenden verstanden werden. Unter Berücksichtigung der subjektiven Strukturen tragen die Schülerinnen Verantwortung für ihre Ausbildung und können mitgestalten und mitentscheiden. Der Lernprozess sollte dabei die Kriterien einer vollständigen Handlung berücksichtigen, so dass zielorientiert Maßnahmen geplant, durchgeführt und evaluiert werden können. Im Vordergrund steht ganz allgemein der Erwerb von beruflicher Handlungskompetenz der angehenden Hebammen, die sich sowohl aus der Fach- als auch aus der Human- und Sozialkompetenz zusammensetzt und instrumentale Kompetenzen impliziert. Ergänzend dazu stellt die Theorie-Praxis-Vernetzung eine wichtige Voraussetzung für eine fundierte Ausbildung dar. Eine Kooperation der beiden Lernorte Schule und Praxis ist deshalb unabdingbar.
Für das Gelingen einer positiven pädagogischen Beziehung sollte die Interaktion auf einem Menschenbild basieren, das u.a. durch Akzeptanz, Entfaltung und Verantwortung gekennzeichnet ist. Die Themenzentrierte Interaktion kann an dieser Stelle mit ihren Axiomen und Postulaten als Grundgerüst dienen und durch die dynamische Balance der Basiskomponenten „Ich", „Wir" und „Es" im Globe viele Faktoren der Zusammenarbeit berücksichtigen.
Einen weiteren wesentlichen Aspekt für die Praxisanleitung stellt die Kommunikation zwischen der Ausbilderin und der Hebammenschülerin dar. Beiden Parteien sollte bewusst sein, dass es sich bei der Betrachtung der zwischenmenschlichen Kommunikation um ein vierdimensionales Geschehen handelt, das störanfällig ist und durch metakommunikative Prozesse und gesprächsfördernde Regeln beeinflusst werden kann. Die Grundvoraussetzung für die Gesprächsführung ist die positive Gestaltung der zwischenmenschlichen Beziehung, die durch Wertschätzung, Empathie, Authentizität und Transparenz gekennzeichnet sein sollte. Unter dieser Prämisse wird es außerdem mit Hilfe eines Feedbacks möglich, den eigenen blinden Fleck zu verkleinern, zwischenmenschliche Beziehungen zu verbessern und Klärungen herbeizuführen. Durch Kommunikationsregeln können das Geben und das Annehmen von Feedback erleichtert werden.
Im Hebammenwesen stellt auch die Teamfähigkeit einen entscheidenden Faktor dar und wird in vielen Stellenausschreibungen gefordert. Ein sogenannter Teamgeist kann in der Dyade, aber auch in einer größeren Gruppe, z.B. im gesamten Geburtshilfeteam entstehen. In diesem teilautonomen Arbeitsteam können die Merkmale von Arbeitsgruppen gelten, und als gemeinsame Arbeitsaufgabe kann z.B. die Ausbildung der Hebammenschülerinnen angesehen werden. Kooperation und ein partizipativer

Führungsstil sind für die Teamarbeit erforderlich, und die Beachtung teamarbeitsförderliche Faktoren kann die Zusammenarbeit unterstützen.
Die professionelle Gestaltung der Zusammenarbeit und die zielgerichtete Ausbildung sollten nicht zuletzt auch zum Wohle von Schwangeren, Gebärenden und Wöchnerinnen sowie deren Feten bzw. Neugeborenen einen hohen Stellenwert erfahren.

5 Empfehlungen für die Praxisanleitung

5.1 Darstellung der Situation

Die Gestaltung der Praxisanleitung während der Hebammenausbildung findet in vielen Fällen weder geplant noch strukturiert statt, sondern sie unterliegt eher dem Zufallsprinzip. Das Engagement bezüglich der Anleitung hängt stark von den einzelnen Anleiterinnen ab und differiert in den Schulen. Zudem unterscheiden sich auch die Vorstellungen darüber, was unter dem Begriff Anleitung zu verstehen ist (Zoege 1997, 69ff; s. Kapitel 2). In vielen Kliniken existieren weder feste Konzepte zur Durchführung einer Anleitung noch gibt es Verantwortlichkeiten für die Übernahme dieser Tätigkeit. Die Schülerinnen müssen ohne eine gezielte Begleitung während und durch ihre Mitarbeit im Kreißsaal und auf den Stationen lernen (Rothgerber 1991, 455; Dielmann 1993, 15). Zoege (1997, 69ff) gibt an, dass die praktische Anleitung in den Kreißsälen durch die dort tätigen Hebammen, die Lehrerinnen für Hebammenwesen und auch durch die Ärztinnen stattfindet. Hinsichtlich des Umfangs der Praxisanleitung durch die Lehrerinnen für Hebammenwesen wird von den Schulen ein Spektrum von „gar nicht“ bis „mehr als 15 Tage“ pro Monat angegeben. Von 46 Schulen verfügen insgesamt 20 über Praxisanleiterinnen bzw. Mentorinnen, die an einer Fortbildung von unterschiedlicher Dauer (3 Tage bis 12 Wochen) teilgenommen haben. Im Rahmen der qualitativen Gruppenbefragung während des BHSR-Treffens wurde ermittelt, dass in etwa der Hälfte der 22 vertretenen Schulen Mentorinnen in den Kreißsälen arbeiten. Einige Schülerinnen konnten dazu leider keine genauen Angaben machen. Zur Qualifikation dieser Gruppe wurden im Rahmen der Befragung keine Angaben erhoben.

Schirmer (1993, 147) zeigt für die Krankenpflege auf, dass nur sechs Prozent des Personals die praktische Anleitung nach einem methodischen Konzept strukturiert und nur ein Prozent diese zeitlich plant. Für das Hebammenwesen sind ähnliche Zahlen durchaus vorstellbar, denn die Erwartungen der Schülerinnen richten sich weiterhin auf eine Verbesserung der Anleitungsqualität (s. 2.3.4). Auch Zoege (1997, 80) beschreibt, dass viele Schülerinnen in ihrer Ausbildung keine methodische Begleitung erfahren.

Die Erfahrungen im Kreißsaal zeigen zudem, dass die häufig hohe Arbeitsbelastung und die immer wiederkehrenden Akutsituationen, die sofortige Umstrukturierungen hinsichtlich der Handlungen und Entscheidungen und damit eine große Flexibilität seitens des Personals erfordern, die notwendige Praxisanleitung der Schülerinnen belasten. Auch eine Unterbrechung der Tätigkeiten durch externe Störungen oder eine notwendige Übernahme der Tätigkeit durch die Hebammen beim Auftreten von akuten Komplikationen können das Lernergebnis maßgeblich beeinflussen. Hinzu kommt der parallele Einsatz mehrerer Schülerinnen im Kreißsaal, der nicht zuletzt aufgrund der Wechselschichten der Hebammen und der z.T. mehrfach wöchentlichen Studientage der Schülerinnen eine kontinuierliche Zusammenarbeit (z.B. in Form von festen Dyaden) erschwert. Die Planbarkeit erscheint häufig nicht möglich, gute Vorsätze verlieren sich im Arbeitsalltag und je nach Ausbildungsstand laufen die Schülerinnen nebenher oder werden einfach nur als Arbeitskraft gesehen, benötigt und genutzt. Die notwendige Kommunikation und das Geben und Nehmen von Feedback finden häufig nur in eingeschränktem Maße bzw. gar nicht statt. Eine Einschätzung der Schülerinnen hinsichtlich des Erreichens der Ziele im Lernprozess und die Beratung im Hinblick auf den individuellen Lernbedarf fällt vielen Hebammen schwer und erfordert zunehmend einen großen persönlichen Einsatz, oft auch in Form von Überstunden. Zudem ist die mögliche Gestaltung von Anleitungssituationen vielen Hebammen nicht bekannt. Ausgebildet wird nach den Maßstäben, die selbst während der Ausbildung erlebt wurden. Eine Qualifizierung für die Zusammenarbeit mit Hebammenschülerinnen wird für die Tätigkeit in einem Kreißsaal mit angeschlossener Hebammenschule bislang nicht vorausgesetzt und auch innerhalb der Ausbildung in der Regel nicht thematisiert. Weiterhin hat auch die zunehmende Qualitätssicherung im Gesundheitswesen z.B. in Form von Prozessbeobachtung, qualitätssichernden Maßnahmen oder Erhebungen noch keinen Einzug in die Hebammenausbildung gehalten.

Da die derzeitigen Hebammenschülerinnen das Berufsbild der Hebamme im Anschluss an ihre Ausbildung mitbestimmen und prägen, sollte die Qualität der Ausbildung, auch im Rahmen der Professionalisierungsdebatte und der Qualitätssicherung im Hebammenwesen, einen hohen Stellenwert erfahren. Durch die dargestellten Anregungen wird mit dieser Arbeit versucht, einen Beitrag zur Veränderung der Situation zu leisten.

5.2 Allgemeine Berücksichtigung der Grundlagen

Für die Handlungsempfehlungen zur Praxisanleitung sollen die vorgestellten Grundlagen (s. Kapitel 4) als Basis betrachtet und genutzt werden. Die Gestaltung der Anleitungssituation sowie der Zusammenarbeit kann unter Berücksichtigung dieser Theorien erfolgen. Ein erster Schritt, um dem Ziel der Zufriedenheit sowohl seitens der Schülerinnen als auch seitens der Anleiterinnen näher zu kommen. Die Abbildung 15 fasst diese Ideen noch einmal grafisch zusammen.

Abbildung 15: Schaubild Synopse

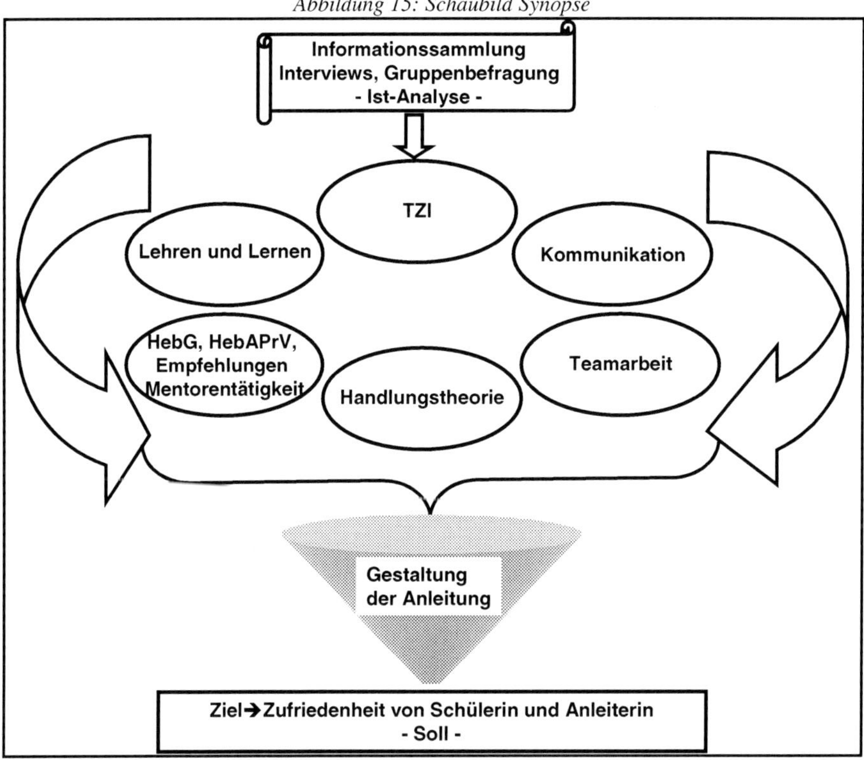

Quelle: Eigenerstellung

Zudem kann die Kenntnis und Anwendung dieser Theorien bzw. Modelle zur Konfliktvermeidung, aber auch zur Konfliktlösung beitragen. Auf einzelne Formen der Konfliktbewältigung wird in dieser Arbeit aufgrund des begrenzten Umfangs nicht ausführlich eingegangen. An dieser Stelle sei jedoch erwähnt, dass innerhalb der praktischen Ausbildung auch immer wieder Konfliktsituationen auftreten werden, d.h., eine Gegensätzlichkeit oder Unvereinbarkeit zweier Elemente kann bestehen. Solche Reizeindrücke können intrinsischer oder extrinsischer Natur sein, führen zu Störungen, wirken belastend, können eskalieren und erzeugen einen Lösungsdruck. Individuelle Wahrnehmungen, Emotionen, Einstellungen und Verhaltensweisen sind dabei sehr bedeutsam (BERKEL 1995, 10ff). Die grundlegende Voraussetzung für die Konfliktbewältigung ist eine *„funktionierende Beziehung"*, in der *„Sachprobleme"* und *„Beziehungsprobleme"* voneinander getrennt werden und in der beide Parteien *„konstruktiv"* miteinander umgehen (FISHER, BROWN 1989, 14). So kann ein Konflikt

Reflexionsprozesse in Gang setzen und dadurch bedeutsame Modifikationen im Handlungsprozess hervorrufen.
Fasst man die in Abschnitt 3.4 in Auszügen dargestellten Empfehlungen für Mentorinnen und Praxisanleiterinnen zusammen und nimmt man das Positionspapier des Bundesausschusses der Lehrerinnen und Lehrer für Pflegeberufe e.V. (BA e.V.) hinzu, so handelt es sich bei der Praxisanleitung um ein terminiertes, sachgerechtes, geplantes und strukturiertes Lehren und Lernen am Lernort Praxis, für das unter Berücksichtigung des individuellen Lernbedarfs zielgerichtete Lernsituationen vorbereitet, durchgeführt und nachbereitet werden. Eingeschlossen ist die kontinuierliche Betreuung und Beratung der Schülerinnen im Hinblick auf das Ausbildungsziel. Um eine qualitativ hochwertige Ausbildung zu gewährleisten, soll die Praxisanleitung unter Einbindung des gesamten Teams durch berufserfahrene, fortgebildete und ins Pflegeteam integrierte Mentorinnen/Praxisanleiterinnen unter partieller Freistellung von der Stations- bzw. Kreißsaalarbeit sowie durch die Lehrerinnen für Pflegeberufe/Hebammenwesen erfolgen und von diesen koordiniert werden (AUTENRIETH, SIEBIG 1990, 2ff; DKG 1992, 590f; BARRE 1998, 517f; BA e.V. 1999, 1f; FACHBEIRAT PFLEGE 2000, 4377f).
Darüber hinaus versteht sich Praxisanleitung in dieser Arbeit als Prozess, in dem auf dem Weg zum Ausbildungsziel selbstorganisierte Lernprozesse zugelassen und handlungsorientierte Lernsituationen gestaltet werden. Außerdem geht es darum, eine konstruktivistische Sichtweise einzunehmen, die berufliche Handlungskompetenz zu fördern und eine zwischenmenschliche Beziehung herzustellen. Diese soll sich durch Authentizität, Akzeptanz, Wertschätzung und Empathie auszeichnen. Die anleitende Hebamme sieht sich in diesem Prozess als Beraterin und versucht, unter Berücksichtigung der Axiome und Postulate der TZI, die Balance von „Es", „Ich" und „Wir" aufrechtzuerhalten. Positive Kommunikationsstrukturen, Lernortkooperationen, Teamarbeit sowie das regelmäßige Geben und Nehmen von Feedback festigen diese Art der Anleitung.

5.3 Gestaltung der Rahmenbedingungen

Um das Ausbildungsziel zu erreichen und die berufliche Handlungskompetenz zu fördern, gilt es, eine **gezielte Praxisanleitung** im zuvor definierten Sinne (s. 5.2) durchzuführen. Der **Lernprozess** darf nicht dem Zufall unterliegen, sondern muss **geplant, zielgerichtet unterstützt und professionell begleitet** werden. Dazu bedarf es auch **geeigneter Rahmenbedingungen**, für deren Aufbau und Erhalt das Engagement der Anleiterinnen notwendig ist.
Eine **Ausweitung des Einsatzes von Mentorinnen und Praxisanleiterinnen** zur Verbesserung der praktischen Ausbildungssituation wird weitgehend gefordert. Dazu gehört auch die **Sicherung der Qualifikation** dieser Gruppe und eine entsprechende **zeitliche Freistellung für diese Aufgabe** (s. 2.1; SCHIRMER 1993, 149; BIENSTEIN ET

AL 2000, 74). Für eine Durchsetzung dieser Forderungen sind in der Regel **Gespräche** mit der Pflegedienstleitung und der Verwaltung der Klinik (z.B. dem Krankenhausbetriebsdirektor o.ä.) unter Begründung der Anliegen **erforderlich**. Die Pflichten des Trägers und die Empfehlungen zur Mentorentätigkeit (s. Kapitel 3) können hierbei eine Argumentationshilfe darstellen und zur Orientierung dienen. Zweckmäßig erscheint außerdem eine **Unterstützung durch** die Leitung der **Hebammenschule**, denn auch sie trägt einen Teil der Verantwortung für die praktische Ausbildung.
Da nicht alle anleitenden Hebammen eine Fortbildung zur Mentorin wahrnehmen können oder möchten, erscheint es für die Steigerung der Ausbildungsqualität besonders wichtig, Erkenntnisse zur Praxisanleitung in Form von geeigneter **Literatur weiterzugeben** und das **Expertenwissen** der bereits fortgebildeten Mentorinnen für das gesamte Team **nutzbar** zu **machen**. Die **Mentorinnen** können somit als **Multiplikatorinnen** fungieren.
Der in manchen Kliniken etablierte Einsatz von **Vertrauens- oder Bezugshebammen**, die **als kontinuierliche Bezugspersonen** besonders während der ersten Praxiseinsätze für eine oder mehrere Schülerinnen zuständig sind, erscheint des Weiteren sinnvoll. Damit wird vermieden, dass sich die Schülerinnen auf viele differierende Arbeitsstile einstellen müssen. Besonders für den Ausbildungsbeginn könnte dies eine Entlastung darstellen (s. 2.2.2). Die kontinuierliche **Betreuung und Begleitung einer Schülerin erleichtert** außerdem die auch durch die Anleiterin notwendige **Einschätzung des individuellen Lernbedarfs und der persönlichen Lernfortschritte**. Zudem ist eine **Verantwortlichkeit hergestellt**, die auch für die anleitende Hebamme **motivationsfördernd** wirken kann. Unter der Voraussetzung einer **geplanten und festen Zusammenarbeit** können darüber hinaus die **Absprachen** bezüglich der Teamarbeit und der Ziele im Lernprozess **leichter getroffen und eingehalten** werden. Dieses Bezugssystem verlangt jedoch eine **Berücksichtigung** im Rahmen der **Dienstplangestaltung** und kann aufgrund von Krankheitsausfall, Freizeitausgleich und differierenden Dienstplanwünschen beider Parteien gestört werden. Damit wird nicht nur eine gewisse **Flexibilität** von Seiten der Hebammen, sondern auch seitens der Schülerinnen **vorausgesetzt**, die unter der Prämisse der eigenen **Ausbildungsverantwortung** umgesetzt werden kann, jedoch im Hinblick auf eine positive zwischenmenschliche Beziehung nicht dogmatisch gesehen werden sollte. Um die Dienstplangestaltung zu erleichtern und verschiedene Blickwinkel zu gewährleisten, erscheint es sinnvoll, **zwei Vertrauenshebammen pro Schülerin** einzusetzen. Gemeinsam mit der Schülerin sollte zwischen diesen Anleiterinnen ein Austausch stattfinden, d.h., **regelmäßige Gespräche begleiten den Lernprozess** der Schülerinnen. Nachdem die Schülerin etwas Sicherheit gewonnen hat, sollte sie **durch das gesamte Team angeleitet** werden, um möglichst viele Anregungen und Eindrücke zu erhalten. Den richtigen **Zeitpunkt** kann die Schülerin nach **Absprache** mit ihrer **Mentorin** oder Bezugshebamme **selbst einschätzen**. Die **Bezugsperson** kann **im gesamten**

Ausbildungsverlauf Ansprechpartnerin bleiben und weiterhin z.B. für die regelmäßig geplanten und durchgeführten Anleitungen zuständig sein.
Neben den Mentorinnen und Vertrauenshebammen können durchaus auch die **Schülerinnen** aus den höheren Kursen/Semestern die Anfängerinnen unterstützen, **Betreuungsaufgaben übernehmen** und somit als *„Tutorinnen"* tätig sein (AUTENRIETH, SIEBIG 1990, 7). Durch solche *„Patenschaften"* können Ängste reduziert, Kontakte erleichtert, Informationen weitergegeben sowie erste Erfahrungen in der Funktion als Anleiterin gewonnen und eigenes Wissen gefestigt werden (SÜß 1996, 82f). Dieses System darf jedoch nicht dem Verständnis unterliegen, dass die Ausbildung ausschließlich durch die Schülerinnen aus den höheren Kursen erfolgt. Außerdem bedarf es eines partnerschaftlichen Austausches, um die Weitergabe fehlerhafter Inhalte zu vermeiden.
Ein weiterer wichtiger Aspekt ist das **Erarbeiten von geburtshilflichen Standards** (z.B. zur Aufnahme einer Schwangeren, zu geburtsvorbereitenden Maßnahmen, zum Katheterismus etc.), die **schriftlich fixiert** und für jede Mitarbeiterin **einsehbar** und **verbindlich** sind. So kann eine **Vereinheitlichung** von Routinearbeiten und geburtshilflichen Maßnahmen stattfinden, die Verwirrungen der Schülerinnen verhindert und **Sicherheit schafft**. Geburtshilfliche Standards bzw. Pflegestandards können somit ein nützliches *„Lehr- und Lernmedium"* für examinierte Hebammen und Hebammenschülerinnen darstellen und tragen zudem zur Qualitätssicherung bei. Unter Berücksichtigung einer individuellen Betreuung und Beratung der Gebärenden[5] kann mit Hilfe der Standards ein *„...überschaubares Maß an Einheitlichkeit und Zuverlässigkeit..."* geschaffen werden (SNOWLEY, NICKLIN, BIRCH 1998, 2ff), denn es handelt sich dabei um *„...allgemein gültige und akzeptierte Normen...die themen- oder tätigkeitsbezogen..."* festlegen, wie in einer konkreten Situation gehandelt bzw. was in der bestimmten Situation geleistet werden soll (VON STÖSSER 1994, 76).
An dieser Stelle ist auch die zwingend notwendige **Lernortkooperation** zu erwähnen, die das **Ziel** einer fundierten **Theorie-Praxis-Verknüpfung** verfolgen sollte. Diese Kooperation sollte für alle Ausbildungsbelange gelten und die Vernetzung kann z.B. in Form von regelmäßigen Treffen, gegenseitiger Information, gemeinsamen Absprachen und Erarbeitungen erfolgen. Damit die Schülerin nicht die Orientierung verliert, sollten sich die beiden Lernorte als *„lernende Organisation"* verstehen, die gemeinsame Ziele und Vorgehensweisen vertreten. Um eine institutionelle Verankerung zu gewährleisten, können *„Steuerungsgruppen"* aus gewählten Vertretern aller Bereiche gebildet werden, aus denen wiederum *„Arbeitsgruppen"* für die Bearbeitung unterschiedlicher Themen entstehen können (SCHNEIDER 2000, 10ff). Die

[5] Für die bessere Lesbarkeit wird im Text der Begriff „Gebärende" benutzt, womit auch die Schwangere und die Wöchnerin sowie deren Fetus bzw. Neugeborenes gemeint sein sollen. Außerdem werden auch die Begleitpersonen der Frauen nicht zusätzlich erwähnt, sollen jedoch als integriert betrachtet werden.

Mentorinnen können hier eine **Bindeglied-Funktion** zwischen Schule und Klinik einnehmen (LANDMEYER 2000, 30). Eine **Beteiligung der Schülerinnen**, die ein Forum zur Darstellung ihrer Anliegen erhalten sollten, ist dabei anzustreben. Zur Unterstützung der Vernetzung können zudem die **Mentorinnen bzw. interessierte Hebammen** des Teams einen **Teil des fachpraktischen Unterrichts** innerhalb der theoretischen Ausbildung **übernehmen** und an den **Prüfungen** der Schülerinnen **beteiligt** werden (BIENSTEIN U.A. 2000, 74). Außerdem können die **Lehrerinnen für Hebammenwesen** sich für einen Teil der geplanten **Praxisanleitungen** zur Verfügung stellen.

Findet die Praxisanleitung durch das gesamte Team statt, ist es sinnvoll, zumindest **innerhalb eines Dienstes feste Dyaden** zu bilden. Anderenfalls könnte für die Schülerin eine Überforderungssituation entstehen, da von ihr erwartet wird, sich auf Absprachen mit unterschiedlichen Personen gleichzeitig zu konzentrieren und selbstständig Prioritäten hinsichtlich dieser Absprachen zu setzen. Missverständnisse oder das Nicht-Einhalten-Können von Vereinbarungen sind damit vorprogrammiert, schwierig zu steuern, belasten die Beziehung und führen im Extremfall sogar zu gefährlichen geburtshilflichen Situationen. Innerhalb der Dyade können besser und **leichter Vereinbarungen** hinsichtlich der gemeinsamen Betreuung der Gebärenden **getroffen** und außerdem kurzfristig **geplante Anleitungen eingestreut** werden. Diese können z.B. **auch in Form von simulierten Situationen** oder **Rollenspielen** immer dann stattfinden, wenn die Kreißsaalsituation es organisatorisch erlaubt.

Die in den meisten Kreißsälen übliche **Zuständigkeit** bzw. Einteilung **einer Hebamme für** eine bestimmte **Anzahl von Gebärenden** (in der Pflege auch Bezugspflege genannt) ist in der Regel gut zu organisieren und fördert nicht nur die Qualität der Betreuung, sondern **unterstützt** auch die **Organisation** hinsichtlich der Zusammenarbeit mit der Schülerin.

Ermüdungserscheinungen seitens der Ausbilderin, die aufgrund kontinuierlicher Anforderungen ihre *„Leistungsvoraussetzungen"* eventuell vorübergehend beeinträchtigen (HACKER 1997, 209) und die Kraft zur Anleitung in manchen Situationen nehmen können, werden in einer **funktionierenden Beziehung thematisiert** und in der Regel auf Verständnis der Schülerinnen stoßen. Die **Transparenz** innerhalb der **Kommunikation** ist an dieser Stelle wichtig, um Missverständnissen und Abwehr entgegenzuwirken. Auch **Supervisionen** innerhalb des Teams können helfen, Überlastungen zu erkennen, Konflikte aufzudecken und die Zusammenarbeit zu stärken.

Darüber hinaus soll für jegliche Form der Praxisanleitung gelten, dass die **Gebärende** immer **im Mittelpunkt** der gesamten Planungen und Entscheidungen steht. Ihr gesundheitliches Wohlergehen sowie ihre Anliegen und Bedürfnisse müssen vorrangig berücksichtigt werden und bestimmen die Betreuung im Hebammenwesen.

5.4 Begleitung des Praxiseinsatzes

Der Einsatz von Mentorinnen in der praktischen Hebammenausbildung soll an dieser Stelle noch einmal deutlich hervorgehoben und propagiert werden, da es für eine qualifizierte Praxisanleitung neben der beruflichen Handlungskompetenz auch Kenntnisse aus der Psychologie, Pädagogik und Didaktik bedarf. Die Empfehlungen zur Tätigkeit von Mentorinnen wurden im Abschnitt 3.4 bereits dargestellt und es wurde eine entsprechende Definition zur Praxisanleitung gegeben (s. 5.2). Diese Darstellungen gelten auch für die weitere Erörterung.
Zusätzlich zu der geplanten Praxisanleitung bestehen die Aufgabenbereiche der Mentorinnen u.a. aus der Übernahme von Tätigkeiten, die sich im Zusammenhang mit der Ausbildung ergeben. Dazu gehören z.B. die begleitenden Gespräche während des Kreißsaaleinsatzes einschließlich der individuellen Beratung der Schülerin, die Betreuung im Umgang mit Tätigkeitsnachweisen sowie das Erstellen von Beurteilungen (AUTENRIETH, SIEBIG 1990, 10). In Kreißsälen ohne oder mit einer geringen Anzahl von Mentorinnen können diese Aufgaben auch von den Bezugshebammen übernommen werden. Ein fachlicher Austausch mit den Expertinnen (Mentorinnen und Lehrerinnen für Hebammenwesen) kann dabei sehr nützlich sein. Die Übertragung dieser Tätigkeiten auf die Mentorinnen soll jedoch das Engagement und die Verantwortlichkeit der anleitenden Hebammen, die über eine solche Weiterbildung nicht verfügen, keinesfalls einschränken oder degradieren. Auch sie können entsprechende Funktionen übernehmen und sollten ihre Aufgabe als Ausbilderin weiterhin ernst nehmen und gewissenhaft ausfüllen.
Wichtige Faktoren für die Gestaltung der Praxisbegleitung sind die Entwicklung positiver Kommunikationsstrukturen sowie der Aufbau einer vertrauensvollen zwischenmenschlichen Beziehung (s. 4.4). Den Schülerinnen sollte im Sinne einer *„förderlichen Haltung"* entsprechende *„Achtung"*, *„Wärme"* und Rücksicht entgegengebracht werden (TAUSCH, TAUSCH 1991, 118ff). Zudem sind *„Empathisches Verstehen"*, *„positive Zuwendung"* sowie *„Kongruenz"* von Seiten der Anleiterin gefordert (ROGERS 1991, 276f). Auf die Beachtung dieser Aspekte sollte im gesamten Ausbildungsverlauf Wert gelegt werden. Sie stellen die Basis für die pädagogische Beziehung dar.

5.4.1 Rollenübernahme

Die Ausübung der Mentorinnen- und Bezugshebammentätigkeit ist zwangsläufig mit der Übernahme einer sozialen Rolle verbunden, d.h., es werden bestimmte Erwartungen an diese Position gestellt. Nach DAHRENDORF (1977, 32ff) ist jede Rolle "...ein Komplex oder eine Gruppe von Verhaltenserwartungen". Der Inhalt dieser "Verhal-tensvorschriften" wird "...von der Gesellschaft bestimmt und verändert", und stellt für den Einzelnen eine "...gewisse Verbindlichkeit des Anspruches..." dar, der man sich nicht ohne weiteres entziehen kann. Um sich eine gewisse "Handlungsfä-

higkeit" zu bewahren, bedarf es seitens der Mentorin oder Bezugshebamme der "Frustrationstoleranz", der "Ambiguitätstoleranz" und der "Rollendistanz". Damit ist gemeint, dass die Anleiterin lernen muss, sowohl "Rollenambivalenzen", die "bedürfniskonform" oder "repressiv" sein können, als auch die "Mehrdeutigkeit" der Rolle aushalten zu können. Sie sollte versuchen, eine Balance zwischen "Rollenübernahme" und "Rollenentwurf" herzustellen sowie souverän mit dieser Rolle umzugehen (BIERMANN 1994, 44ff nach HABERMAS 1973). Um diesen Anforderungen gerecht zu werden und zugleich Rollenkonflikte zu vermeiden, bedarf es eines kontinuierlichen Selbstreflexionsprozesses der Anleiterin sowie das Annehmen eines Feedbacks von Seiten der Schülerinnen und der Kolleginnen. Ein Erfahrungsaustausch, z.B. innerhalb eines regelmäßig stattfindenden Mentorinnenkreises, ist zur persönlichen Unterstützung sehr empfehlenswert (SÜß 1996, 193). Vorstellbar ist in diesem Zusammenhang auch die Entwicklung von "Coaching-Partnerschaften" bzw. einer wechselseitigen kollegialen Beratung der Mentorinnen, um eigene Kompetenzen zu erweitern und die "Prozess- und Ergebnisqualität" zu steigern (POHL, WITT 2000, 71ff). Um einer Überforderungssituation vorzubeugen, ist es wichtig, auch die persönlichen Grenzen zu erkennen und zu akzeptieren (SÜß 1996, 97f).
Des Weiteren gilt, dass jede lehrende Hebamme auch die Bereitschaft zum Lernen haben muss und die Schülerin, die lernt, auch ein Recht hat zu lehren. Die Anleiterin, die berät, sollte sich außerdem auch beraten lassen können (MEYER 1997 Band II, 119). Diese Offenheit für neue Eindrücke, die persönliche Veränderungsbereitschaft und Kritikfähigkeit sowie das Wissen darum, immer wieder dazulernen zu können und zu müssen, wird jede Ausbilderin reifen und wachsen lassen.

5.4.2 Erstgespräch

Zu Beginn eines Kreißsaaleinsatzes sollte ein einführendes Gespräch zwischen der Schülerin und der sie betreuenden Mentorin und/oder der Bezugshebamme stattfinden, in dem ein erster Kontakt hergestellt wird und die Basis für die Zusammenarbeit und die sich anschließenden Anleitungsprozesse geschaffen werden kann. Dieses Gespräch dient der *„Planung des Einsatzes"* und besonders zu Beginn der Ausbildung auch dem *„gegenseitigen Kennenlernen"*. Unter Berücksichtigung des Ausbildungs- und Lernstandes der Schülerin werden Termine für geplante Anleitungen und für weitere Gespräche festgelegt sowie die Ziele bzw. die Ausführung von bestimmten Tätigkeiten innerhalb des bevorstehenden Einsatzes erörtert (MENSDORF 1999, 95). Dabei können Tätigkeitskataloge, die in einigen Hebammenschulen und in einer ersten Ausführung auch dem BDH vorliegen, die Absprache hinsichtlich der Ziele begleiten und unterstützen. Außerdem kann es sich lohnen, im Rahmen der Lernortkooperation (s. 5.3) gemeinsame Richtlinien zu entwickeln. Eine Anlehnung an die Förderung der Kompetenzentwicklung kann hierbei in Betracht gezogen werden.
Der Gestaltung dieser Anfangssituation sollte besondere Aufmerksamkeit geschenkt werden, da sie einer ersten Orientierung dient sowie Ängste mindern, Ziele und Er-

wartungen klären und die Selbstverantwortung für das persönliche Lernen stärken kann (LANGMAACK, BRAUNE-KRICKAU 2000, 215f). Im Idealfall ist das Erstgespräch dem Praxiseinsatz vorangestellt, d.h., es findet einige Tage vor Beginn des Kreißsaaleinsatzes in ruhiger Atmosphäre statt. Die Absprachen sollten in einem entsprechenden Formular dokumentiert werden und sowohl der Schülerin als auch der Hebamme vorliegen.

5.4.3 Zwischengespräch

Das Zwischengespräch sollte nach der ersten Einsatzhälfte erfolgen und dient dazu, die bereits abgeleistete Zeit hinsichtlich des Erreichens der zuvor festgelegten Ziele, des Lernzuwachses und der Zusammenarbeit im Team zu reflektieren und zu bewerten. Fragen, Wünsche und Probleme werden erörtert, Strategien für erforderliche Veränderungen entwickelt und zugleich neue Ziele für die verbleibende Zeit festgelegt. Weiterhin werden notwendige Absprachen für den weiteren Verlauf getroffen. Das Zwischengespräch sollte einen offenen Austausch ermöglichen und auch die Meinung der anderen Teammitglieder beinhalten. Unter Zuhilfenahme des Erstgesprächs-Protokolls wird die Selbsteinschätzung bzw. die Selbstreflexion der Schülerin einer Einschätzung durch die Anleiterin vorangestellt. Die Hebamme sollte in ihrer Erörterung zuerst die positiven Aspekte hervorheben, bevor sie problematische Gesichtspunkte formuliert. Im Anschluss daran können Entwicklungslinien gemeinsam erarbeitet und aufgezeigt werden. In einer funktionierenden Beziehung ist nicht nur die Schülerin, sondern auch die Ausbilderin an einem Feedback interessiert. Diese Chance sollte schon im Zwischengespräch genutzt werden, um vorhandene Ressourcen zu stärken und gegebenenfalls notwendige Verbesserungen einzuleiten. Auch im Anschluss an das Zwischengespräch sollte eine Dokumentation der Vereinbarungen erfolgen (GNAMM, DENZEL 1997, 128f; MENSDORF 1999, 101ff).

5.4.4 Abschlussgespräch

Das Abschlussgespräch dient der Gesamtreflexion des Praxiseinsatzes und kann zugleich das Beurteilungsgespräch beinhalten. Die Schülerin ist wiederum gefordert, ihren Lernerfolg, ihr Befinden, die Anleitung durch die Mentorin sowie die Zusammenarbeit mit dem Team einzuschätzen und darzulegen. Im Anschluss daran kann die Anleiterin ihre Einschätzung zu den Lernfortschritten und Lerndefiziten der Schülerin sowie zur Beziehungsgestaltung aufzeigen. Auch hier sollten die Protokolle des Erst- und Zwischengespräches zur Hilfe genommen und zuerst die positiven Aspekte dargestellt werden. Außerdem muss für das Abschlussgespräch ausreichend Zeit eingeplant sein. Dies trifft besonders dann zu, wenn das Beurteilungsgespräch darin integriert wird.

Auf die verschiedenen denkbaren Formen der Schülerinnenbeurteilung kann in dieser Arbeit nicht ausführlich eingegangen werden. Insgesamt sollte es sich dabei jedoch um eine pädagogische Förderung handeln, die sowohl eine Rückschau als auch einen

Ausblick gibt. Bedacht werden muss dabei die Subjektivität des Beurteilers, die durch die Entwicklung von Leitlinien und Beurteilungskriterien zu Gunsten einer objektiven Einschätzung verringert werden kann. Ein gewissenhafter Umgang, Ehrlichkeit und die Darstellung sowohl positiver als auch negativer Aspekte werden vorausgesetzt, da die Beurteilung voraussichtlich eine Auswirkung auf die folgenden Einsätze und Erfahrungen der Schülerin haben wird. Die Kunst besteht darin, eine wertschätzende Beziehung auch im Rahmen der kritischen Beurteilung kontinuierlich aufrechtzuerhalten, ohne dabei die „Sache" aus den Augen zu verlieren (GNAMM, DENZEL 1997, 64ff; MENSDORF 1999, 106ff).

Den Zuwachs von Kompetenzen zu messen bzw. zu beurteilen, lässt sich nur schwierig gestalten, da es sich dabei um *„Persönlichkeitsmerkmale"* des Individuums handelt (ERPENBECK, HEYSE 1999, 486). Die Bewertung kann nach HALFPAP (1996, 20f) jedoch *„kriterienbezogen"* erfolgen, indem beobachtet wird, welche Fähigkeiten z.B. hinsichtlich der Planung von *„Arbeits- und Lernprozessen"*, der Eigeninitiative, der selbstständigen Informationssuche, der Entwicklung von Lösungsstrategien, der Begründung und Ausführung einer Entscheidung und der Berücksichtigung verschiedener Interessen bestehen. Außerdem lässt sich ansehen, ob die Schülerin sich *„Problemen und Fragestellungen"* öffnet, sie in *„System- und Prozesszusammenhängen"* denkt und ob sie Kompromisse eingehen und sich durchsetzen kann. Weiterhin ist es möglich, die Kooperationsfähigkeit, die Teamfähigkeit, die Konfliktlösungsfähigkeit und die Fähigkeiten *„sich differenziert und argumentativ auszudrücken"*, *„schriftlich und mündlich zu kommunizieren"* sowie *„zielstrebig, ausdauernd, konzentriert und zeitlich angemessen zu arbeiten"* als Kriterien für die Bewertung zu nutzen.

Im Sinne einer vollständigen Handlung sollten auch die begleitenden Gespräche geplant, durchgeführt und evaluiert werden.

Tabelle 1 gibt anhand einiger Leitfragen Anregungen für ein Erstgespräch.

Tabelle 1: Leitfragen Erstgespräch

	ICH (Anleiterin)	**WIR (Anleiterin – Schülerin)**	**ES (Vorbereitung Einsatz)**
PLANUNG	• Wie fühle ich mich in meiner Rolle als Anleiterin? (z.B. die Reflexion der momentanen persönlichen Motivation, der Kraft und des Interesses bezüglich der Anleitungstätigkeit) • Was möchte ich aus der Situation lernen? (persönliche Entwicklungsschritte bewusst machen, z.B. den Aufbau einer guten Gesprächsatmosphäre üben) • Kann ich mich jetzt auf die Vorbereitung einlassen? (Steht mir z.B. im Augenblick genug Zeit zur Verfügung)	• Habe ich schon mit der Schülerin gearbeitet? (z.B. Recherche anhand des Dienstplanes, persönliche Aufzeichnungen) • Wie können wir uns gut kennen lernen? (z.B. gemeinsame Dienste planen) • Wie kann ich eine Beziehungsbasis herstellen? (z.B. die Schülerin als Persönlichkeit ernst nehmen)	• Wie möchte ich den Raum vorbereiten? (z.B. Getränke bereitstellen) • Benötige ich inhaltliche Rücksprachen mit Kolleginnen? (z.B. welche Hebamme könnte sich noch verantwortlich fühlen, Berücksichtigung der Dienstplangestaltung) • Was muss ich in diesem Gespräch alles klären? (existieren z.B. Standards, Lernzielkataloge)

	ICH (Anleiterin)	**WIR (Anleiterin – Schülerin)**	**ES (Vorbereitung Einsatz)**
DURCH-FÜHRUNG (Anwesenheit der Schülerin)	**Darstellung:** • Wie werde ich versuchen, meine Rolle als Anleiterin auszufüllen? (z.B. durch regelmäßige Zusammenarbeit, geplante Gespräche, kontinuierliche Ansprechbarkeit) • Wann erwarte ich ein Feedback von der Schülerin? (z.B. nach Anleitungssituationen) • Wo sehe ich meine Grenzen? (z.B. das Umfeld/die Gegebenheiten der Klinik berücksichtigen)	**Klärung:** • Wie wollen wir uns ansprechen? (Du?/Sie?) • Was traut sich die Schülerin schon zu? (kann sie z.B. bestimmte Tätigkeiten schon selbstständig durchführen?) • Wo und in welcher Form benötigt sie meine Unterstützung? (z.B. bei bestimmten Tätigkeiten als Beobachterin oder in Form einer Demonstration)	**Klärung:** • Wie wird die Einführung in den Kreißsaaleinsatz praktisch aussehen? (z.B. Kennenlernen der Räumlichkeiten beim ersten Einsatz) • Welche Ziele sollten in diesem Einsatz erreicht werden? (Ggf. gibt es Tätigkeits-/Lernzielkataloge; auch persönliche Ziele berücksichtigen) • Welche Kompetenzen sollen gefördert werden? (z.B. die Sprachkompetenz in Form der Anwendung der Fachterminologie)

	ICH (Anleiterin)	WIR (Anleiterin – Schülerin)	ES (Vorbereitung Einsatz)
EVALUATION	• Konnte ich meine Anliegen darstellen? • Konnte ich meiner Rolle gerecht werden? • Habe ich mich zu sehr in den Vordergrund gestellt?	• Hatte die Schülerin genug Gelegenheit, ihre Fragen einzubringen? • War das Gespräch von Authentizität geprägt? • Konnte eine Beziehungsbasis geschaffen werden?	• Habe ich an alles gedacht? • Habe ich alles dokumentiert? • Was möchte ich nächstes Mal anders machen?

Quelle: Eigenerstellung

5.5 Phasen eines idealtypischen Anleitungsprozesses

Unter Berücksichtigung der dargestellten Grundlagen (s. Kapitel 4) soll der Ablauf eines idealtypischen Anleitungsprozesses aufgezeigt werden. Das übergeordnete Ziel einer gezielten praktischen und theoretischen Ausbildung besteht in der Entwicklung und Förderung der beruflichen Handlungskompetenz der Hebammenschülerinnen. Aus diesem Grunde sind strukturierte Anleitungsprozesse in die Ausbildung zu integrieren. Sie können dazu dienen, einzelne Lernschritte in ein sinnvolles Lernschema einzuordnen und theoretische Inhalte mit der Praxis zu verknüpfen. Der Anleitungsprozess zielt außerdem darauf, an den Bedürfnissen der Gebärenden orientiert zu arbeiten und das eigenen Handeln erklären und begründen zu können (ABERMETH 1995, 134). Die Abbildung 16 gibt einen Überblick zum Anleitungsprozess.

Abbildung 16: Anleitungsprozess

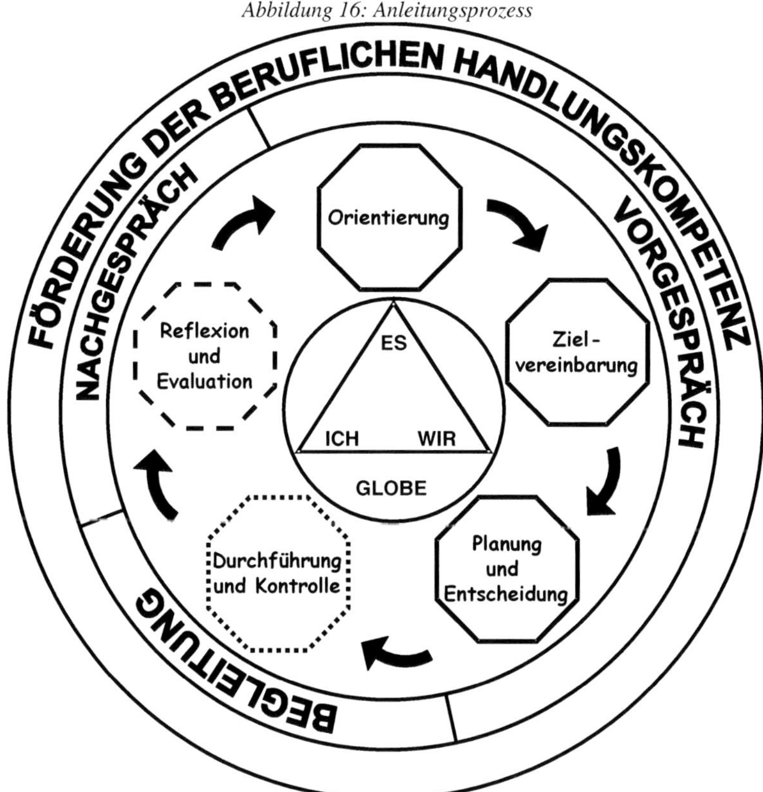

Quelle: Eigenerstellung

Dem kundigen Leser wird an dieser Stelle möglicherweise die Beziehung zum Pflegeprozess deutlich, mit dem im Sinne eines Problemlösungszyklus' anhand der Phasen *„ Informationssammlung", „Erkennen von Problemen und Ressourcen", „Festlegung der Pflegeziele", „Planung der Pflegemaßnahmen", „Durchführung der Pflege" und „Beurteilung der Wirkung der Pflege"* pflegerische Tätigkeiten systematisiert und strukturiert werden (FIECHTER, MEIER 1993, 27ff).

5.5.1 Orientierungsphase

Bevor eine Praxisanleitung konkret geplant werden kann, sollte die Anleiterin ganz allgemein über die wesentlichen Aspekte hinsichtlich des Ausbildungsstandes und des individuellen Lernstandes der Schülerin informiert sein. In dem bereits dargestellten Erstgespräch (s. 5.4.2) sollte dies ausführlich geschehen. Die Orientierungsphase

(VOLPERT 1980, 15) dient in diesem Fall dem Übergang zur konkreten Anleitungssituation, d.h., die Schülerin und die Anleiterin setzen sich in möglichst ungestörter Atmosphäre zusammen, um sich **im Rahmen eines Vorgespräches** auf die Anleitungssituation einzustellen und diese im weiteren Verlauf gemeinsam zu planen. Im Sinne der TZI (s. 4.3) sollen dabei auch die aktuellen individuellen Bedürfnisse und die zwischenmenschliche Beziehung berücksichtigt werden. Sollte kein Erstgespräch erfolgt sein, kann diese Phase auch dazu dienen, die noch notwendigen Informationen bezüglich des Ausbildungsstandes, der bereits vorhandenen theoretischen und praktischen Ressourcen sowie der individuellen Bedürfnisse und Probleme der Schülerin einzuholen (SÜß 1996, 95; MENSDORF 1999, 33ff).

5.5.2 Zielvereinbarungsphase

Die Phase der Zielvereinbarung schließt sich **innerhalb des Vorgespräches** direkt an die Orientierungsphase an und stellt den Beginn des Planungsprozesses für die konkrete Anleitungssituation dar. Die gemeinsam vereinbarten Ziele bilden die Grundlage für die sich anschließenden Handlungsschritte (VOLPERT 1980, 15; SÜß 1996, 110ff). Vorab erfolgt die Klärung, welches Thema die Anleitung beinhalten soll. Dabei kann die Selbstorganisation der Schülerin einen großen Stellenwert erfahren, in dem nach KÖSEL (1997, 213) auch die *„Pluralität"* angenommen und die individuellen *„Denk- und Handlungsverläufe"* der Lernenden aufgenommen werden. Dies beinhaltet auch, dass es nicht nur einen *„Zielzustand"* als *„verbindliches Lernziel"* für alle Schülerinnen geben darf. Vielmehr geht es darum, *„individuelle Lernwege"* und damit auch Lernumwege zuzulassen (KÖSEL 1997, 213ff). Insgesamt ist eine *„Zielorientierung"* anzustreben, die eine *„Zielverständigung"* zwischen der Hebamme und der Schülerin im Sinne eines *„schülerorientierten Vorgehens"* ermöglicht (GUDJONS 2001, 32). Nach MEYER (1989, Band II, 402ff) weist auch ein *„Handlungsorientierter Unterricht"* eine Zielorientierung auf, jedoch werden darin sowohl die *„Lehrziele"* der Lehrerin als auch die *„Handlungsziele"* der Schülerinnen integriert. Zudem vertritt MEYER in Anlehnung an PESTALOZZI die Ansicht, dass Lernen immer *„...ganzheitlich, also mit Kopf, Herz, Händen und allen Sinnen abläuft"* (MEYER 1989, Band II, 403; JANK, MEYER 1994, 346 zit. nach PESTALOZZI; s. auch 4.1.5).

Dieser handlungsorientierte theoretische Ansatz ist für einen Transfer in die Praxis gut geeignet. Die anleitende Hebamme wird ihre Zielorientierung im weitesten Sinne auch im Hinblick auf das zu erreichende Ausbildungsziel (s. 3.1.2) ausrichten, aber zugleich die individuellen Ziele der Hebammenschülerin akzeptieren und in ihre Beratung integrieren. So wird eine Zielverständigung möglich. Insgesamt können die Ziele die *„Kenntnisse"*, *„Erkenntnisse"*, *„Fähigkeiten"*, *„Fertigkeiten"*, *„Haltungen"* oder *„Leistungen"* beschreiben, die eine Schülerin am Ende des Anleitungsprozesses erreichen möchte oder soll (MENSDORF 1999, 37). Zu beachten ist indessen,

dass diese gemeinsam vereinbarte Zielsetzung *„realistisch"*, *„erreichbar"* und *„überprüfbar"* (FIECHTER, MEIER 1993, 52; SÜß 1996, 111) sein sollte.
Dafür kann es erforderlich sein, komplexe Handlungen in Teilhandlungen zu gliedern, um auch entsprechende Teilziele erreichen zu können. So gelangt die Schülerin über Teilziele zum übergeordneten Ziel. Die Ganzheitlichkeit einer Handlung darf dabei jedoch ebenso wie die übergeordnete Intention nicht verloren gehen. Der Schülerin sollte klar sein, wie das Handlungsziel definiert ist und aus welchen Teilhandlungen sich das Ganze zusammensetzt (AEBLI 1993, 83ff; AEBLI 1998, 191ff). In der Zielsetzung sollte auch die erwähnte Ganzheitlichkeit des Lernens sowie die ganzheitliche Betreuung der Gebärenden ihre Berücksichtigung erfahren. Sie sollte mit ihren Wünschen und Bedürfnissen auch im Lernprozess immer im Mittelpunkt der Entscheidungen stehen.
Um den Weg zur Entwicklung und Förderung der beruflichen Handlungskompetenz zu unterstützen, ist es vorstellbar, die Ziele den entsprechenden Kompetenzen zuzuordnen. Dieser Gedanke soll in Tabelle 2 verdeutlicht werden.

Tabelle 2: Kompetenzmatrix Ziele

	Fachkompetenz (Das Fach)	**Sozialkompetenz** (Das Team)	**Humankompetenz** (Die Einzelne)
Methodenkompetenz	**Fachmethoden** Bsp.: Die Schülerin führt die Handgriffe zur Entwicklung der gelösten Placenta aus.	**Methoden zum Umgang mit der Gruppe** Bsp.: Die Schülerin zeigt im Rahmen eines Brainstormings die von ihr gewünschte Zielorientierung zum Thema „Nachgeburtsperiode" auf.	**Methoden zum individuellen Problemlösen** Bsp.: Die Schülerin wendet den Problemlösungszyklus' in entsprechenden privaten und beruflichen Situationen an.
Sprachkompetenz	**Fachtermini** Bsp.: Die Schülerin wendet die Fachterminologie in der Nachgeburtsperiode an.	**Kommunikationsfähigkeit** Bsp.: Die Schülerin hält in der Phase der Zielvereinbarung eine positive Gesprächsatmosphäre ein.	**Individuelle Kommunikationsfähigkeit** Bsp.: Die Schülerin kann ihre persönlichen Interessen deutlich kommunizieren.
Lernkompetenz	**Fähigkeit zum fachlichen Lernen** Bsp.: Die Schülerin nimmt ihrem Lerntyp entsprechend Informationen zur Nachgeburtsperiode auf.	**Soziale Lernfähigkeiten** Bsp.: Die Schülerin setzt ihre Lernbedürfnisse innerhalb der Dyade Hebamme/Schülerin verantwortungsbewusst um.	**Individuelle Lernfähigkeit** Bsp.: Die Schülerin kann ihre persönlichen Stärken selbstständig weiterentwickeln.

Quelle: Eigenerstellung in enger Anlehnung an Effert, Grundei, Lange 1996, 70

Die Ziele in der Tabelle machen deutlich, dass die einzelnen Kompetenzen nicht immer eindeutig voneinander zu unterscheiden sind und sich zum Teil inhaltlich überschneiden bzw. *„einander bedingen"* (BADER, RUHLAND 1996, 31). Wenn eine Schülerin der Gebärenden z.B. einzelne Handlungsschritte erklären kann, dann zeigt sie dadurch nicht nur ihre persönliche Kommunikationsfähigkeit (Humankompetenz), sondern setzt auch ihre Fachkompetenz ein. Ihre Bereitschaft zur Erklärung spiegelt des Weiteren ihre Sozialkompetenz wider. Damit wird die Ganzheitlichkeit der einzelnen Prozesse noch einmal deutlich.

5.5.3 Planungs- und Entscheidungsphase

Die Phase der Zielformulierung bildet **innerhalb des Vorgesprächs** einen fließenden Übergang zur Planungs- und Entscheidungsphase. Die didaktische Entscheidung für die konkrete Planung der Anleitungssituation wird im Hinblick auf das Handlungsziel getroffen (VOLPERT 1980, 15; AEBLI 1993, 99; AEBLI 1998, 191). Je nach dem Ausbildungsstand, den individuellen Lernvoraussetzungen und den persönlichen Wünschen der Schülerin geht es zu Beginn darum, die Entscheidung bezüglich einer geeigneten Anleitungsform zu treffen (s. 5.6). Im Anschluss daran erfolgt die genaue Planung hinsichtlich der Aufgabenverteilung zwischen der Hebammenschülerin und der Hebamme sowie der dazugehörigen Beobachtungsaufträge (SÜß 1996, 135ff; MENSDORF 1999, 44f). Die Planungsphase ist dadurch charakterisiert, dass die Hebamme und die Schülerin zwischen verschiedenen Alternativen bzw. unterschiedlichen Wegen wählen können, um das Ziel zu erreichen (DULISCH 1986, 75). Zur Förderung des Lernprozesses der Schülerin ist es insgesamt sinnvoll, an das bereits bestehende Vorwissen anzuknüpfen (VESTER 2001, 133f; s. auch 4.1.2). Wenn die Anleiterin zudem die Entwicklung bestimmter Kompetenzen bei der Schülerin fördern möchte, muss auch dies in die Planung eingehen. Soweit möglich schließt diese Phase außerdem die Auswahl für eine Gebärende ein, die für die Anleitungssituation geeignet erscheint.

Da es in der Regel notwendig ist, sich fachlich auf die Anleitung vorzubereiten (z.B. mit Hilfe von Literatur) und nähere Informationen hinsichtlich der Gebärenden einzuholen (Anamnese/Gespräche), empfiehlt es sich, das Vorgespräch (zur Orientierung, Zielvereinbarung, Planung und Entscheidung) einige Tage vor der geplanten Anleitung zu führen. Die Ergebnisse der Vereinbarungen sollten wiederum schriftlich fixiert werden und können als Grundlage für den weiteren Prozess dienen (MENSDORF 1999, 44f). Außerdem sollte die Gebärende, die für die Anleitung gewählt wurde, im Vorfeld informiert werden, um ihr Einverständnis geben zu können.

Für den Tag der geplanten Praxisanleitung gilt, dass direkt vor der Durchführung wiederholt ein kurzes Vorgespräch erfolgen sollte, in dem die Vereinbarungen noch einmal besprochen und ggf. Fragen geklärt werden können. Außerdem dient es der Schülerin dazu, der anleitenden Hebamme ihren Handlungsplan vorzustellen. So können gezielt Fragen gestellt, Handlungsschemata erkannt und uneindeutige Handlungsschritte vor der Durchführung konkretisiert und ggf. korrigiert werden (AEBLI 1998, 190ff). In der Form eines *„Probehandelns"* wird somit der von der Schülerin kognitiv geplante Ablauf im Vorfeld noch einmal dargestellt (DÖRNER 1992, 234ff). Das Beispiel in Tabelle 3 soll allgemeine Anregungen für ein Vorgespräch aufzeigen.

Tabelle 3: Anregungen für ein Vorgespräch

ICH (Anleiterin)	**WIR** (Anleiterin – Schülerin)	**ES** (Thema der Anleitung)
• Klärung der eigenen zeitlichen Ressourcen. • Bewusstmachen der fachlichen und persönlichen Erwartungen an die Schülerin. • Reflexion der persönlichen Befindlichkeit (z.B. Stress).	• Herstellen einer positiven Lernatmosphäre. • Zielvorstellungen der Schülerin in die Planung integrieren. • Unterstützung des Entwicklungsprozesses der Schülerin.	• Ermittlung des persönlichen Kenntnisstandes. • Hinzuziehung vorliegender Standards. • Entscheidung für notwendige fachliche Vorbereitung

Quelle: Eigenerstellung

5.5.4 Durchführungsphase

In der Phase der Durchführung findet eine **Begleitung** der Hebammenschülerin durch die Anleiterin statt. Je nach Wahl der zuvor vereinbarten Anleitungsform wird diese eine aktive oder passive Rolle einnehmen. Insgesamt geht es um die Ausführung der geplanten Tätigkeit (VOLPERT 1980, 15), wozu je nach Lernstand auch die Information der Gebärenden, die Vorbereitung und Nachbereitung der notwendigen Materialien sowie die Dokumentation gehören. Außerdem wird auch die direkte Kontrolle der durchgeführten Tätigkeit in diese Phase eingeschlossen, um ggf. notwendige Korrekturen sofort anschließen zu können (AEBLI 1998, 199f).
Die zuvor vereinbarten Absprachen sollten während der Durchführung möglichst eingehalten werden. Bedacht werden muss jedoch, dass unvorhergesehene Begebenheiten und Bedingungen zum Arbeitsalltag jeder Hebamme gehören und auch für die Anleitungssituation nicht auszuschließen sind (SÜß 1996, 148). Um Missverständnisse und Gefahren für die Gebärende zu vermeiden, sind in diesen Situationen ggf. neue Absprachen und das Festlegen veränderter Zwischenziele erforderlich. Auch Flexibilität ist in solchen Fällen geboten, damit der Handlungsplan bei Bedarf an die veränderte Situation angepasst werden kann (AEBLI 1998, 318).

5.5.5 Reflexions- und Evaluationsphase

In dieser Phase geht es **innerhalb eines Nachgespräches** um die Reflexion der Anleitungssituation und damit um ein *„kritisch prüfendes Nachdenken"* (KÖCK, OTT 1997, 588) sowie um eine Evaluation der Anleitung, d.h. um eine *„Bewertung"* sowohl des *„Prozesses"* als auch des *„Ergebnisses"* (WOTTAWA, THIERAU 1998, 13ff).

Diese *„Rückmeldung"* oder *„Prüfung"* bildet den letzten Schritt im Anleitungsprozess und damit gleichzeitig den Übergang zur nächsten Orientierungsphase innerhalb des Handlungszyklus' (VOLPERT 1980, 15; AEBLI 1993, 59). Anhand der Ergebnisse dieser Phase wird es möglich, Ressourcen zu stärken und bei Bedarf Veränderungs- und Entwicklungsprozesse einzuleiten.
Das Nachgespräch kann sich direkt an die Durchführungsphase anschließen oder mit einer zeitlichen Verzögerung erfolgen, die aber in Anlehnung an die Feedback-Regeln (s. 4.4.4) nicht zu weit ausgedehnt werden sollte. Zu Beginn des Gespräches sollte die Schülerin die Möglichkeit erhalten, ihre eigenen Eindrücke zu schildern. Damit wird nicht nur die Fähigkeit zur Selbstreflexion gefördert, sondern auch die Schülerin als Persönlichkeit ernst genommen (MENSDORF 1999, 50ff). Außerdem wird die Fähigkeit zur *„Selbstbeurteilung"* dadurch unterstützt (HALFPAP 1996, 21). Im Anschluss daran erfolgt ein Feedback durch die Anleiterin, in dem zuerst die positiven und danach die verbesserungswürdigen Aspekte dargestellt werden können. Dies beinhaltet auch die Vorschläge zur Vertiefung oder Erweiterung von Zielen und Kompetenzen (SÜß 1996, 149ff; MENSDORF 1999, 50ff). Nach MEYER (1989 Band 2, 167) ist die *„kritische Bewertung"* ein wichtiges Element, um das Erlernte zu sichern. In dieser Phase sind *„Lob"*, *„Kritik"*, *„konstruktive Veränderungsvorschläge"* und *„Abbruchentscheidungen"* zu erörtern. Für eine Einschätzung des Lernstandes der Schülerin ist die Berücksichtigung der individuellen Entwicklung wiederum ein wichtiger Gesichtspunkt. Dabei darf die Leistung der Schülerin gegenüber ihren Mitschülerinnen nicht abgewertet werden (KÖSEL 1997, 220f). Außerdem sollte im gesamten Prozess, aber besonders in der Phase der Bewertung eine konstruktivistische Sichtweise ihren Platz finden (s. 4.1.4). Auch die Ergebnisse der Evaluationsphase sollten in Grundzügen schriftlich fixiert werden, um eine Basis für den weiteren Prozess zu schaffen und einen Lernverlauf darstellen zu können (MENSDORF 1999, 54). Die Anleiterin sollte in dieser Phase zudem die Chance nutzen, ein Feedback von Seiten der Schülerin zu erhalten. So kann das *„eigene Handeln"* einer Reflexion unterzogen werden, denn die Fähigkeit zur Selbstreflexion bildet einen wichtigen Faktor innerhalb der pädagogischen Arbeit (SÜß 1996, 153ff).

5.6 Formen der praktischen Anleitung

Für die Gestaltung der Praxisanleitung sind verschiedene Formen vorstellbar, die in diesem Abschnitt dargestellt werden. Die gewählte Anleitungsform und die dazugehörige aktive oder passive Rolle der Beteiligten entscheidet sich nach dem jeweiligen Lernstand der Schülerin und sollte im Vorfeld abgesprochen sein. Das Ziel besteht darin, der Schülerin eine Maßnahme oder eine Tätigkeit verständlich zu machen, so dass diese sie selbstständig auszuführen lernt (QUERNHEIM 1997, 5). Dabei sollte der Ausbilderin daran gelegen sein, die Anleitung in einer Form zu konstruieren, die für die Schülerin so schnell und soweit wie möglich die Selbstständigkeit zulassen kann

(GNAMM, DENZEL 1997, 129). Die Schülerin soll sich gemäß ihrem Ausbildungsstand von der Anleiterin emanzipieren und ihre Unabhängigkeit erreichen. Darin kann die anleitende Hebamme sie unterstützen und beraten sowie versuchen, geeignete Lernarrangements zu schaffen. MEYER (1989, 416) beschreibt *„Der Schüler muss Methode haben. Dem Lehrer aber muß die Methode, seinen Zögling zur Methode zu führen, eigen sein"*. Die Schülerinnen sollen als selbstständige Akteure in ihren Lernprozess einbezogen werden (MEYER 1997 Band II, 23) und die Chance erhalten, die Verantwortung für ihr Lernen zu übernehmen (JANK, MEYER 1994, 341; s. 4.2). Um die zwischenmenschliche Beziehung zwischen der Schülerin und der Hebamme positiv zu gestalten, sollte außerdem der Gesprächsführung innerhalb der Anleitungssituation besondere Beachtung geschenkt werden (s. 4.4).
Da die Beobachtung für die unterschiedlichen Formen der Anleitung eine wichtige Rolle spielt, soll diese in ihren Grundzügen erläutert werden. Bei der Beobachtung handelt es sich um eine bewusste und *„zielgerichtete"* Art der *„Wahrnehmung"*, die sich *„eindeutig beschriebener Methoden"* bedient. Sie kann sich auf *„Vorgänge an Gegenständen, Ereignissen und Mitmenschen"* beziehen und wird *„...von der Absicht geleitet, eine neue Erkenntnis zu gewinnen, meistens mit dem Zweck einer praktischen Nutzanwendung"* (KÖCK, OTT 1997, 74). Die *„systematische Beobachtung"* setzt im Gegenteil zur *„Alltagsbeobachtung"* einen genauen Plan voraus (BORTZ, DÖRING 1995, 241ff). Dieser gibt eine Aussage darüber, was beobachtet werden soll, wer beobachten soll, welche Kriterien für die Beobachtung wichtig sind, wann und wo beobachtet werden soll und wie das Ganze dokumentiert werden kann. Im Rahmen der Praxisanleitung wird es sich in der Regel um eine *„offene Beobachtung"* handeln, d.h., der Schülerin bzw. der Hebamme ist bekannt, dass sie beobachtet wird. Außerdem spielen die Formen der *„teilnehmenden Beobachtung"* und der *„nicht-teilnehmenden Beobachtung"* eine Rolle. Bei der *„teilnehmenden Beobachtung"* wird die Beobachterin selbst ein Teil des zu beobachteten Geschehens sein, in dem sie z.B. einer Hebammenschülerin bei der Durchführung einer Tätigkeit assistiert, während sie diese zugleich beobachtet. Im Gegensatz dazu wird die Hebamme sich bei der *„nicht-teilnehmenden Beobachtung"* vollständig auf die Beobachtung und die Protokollierung konzentrieren, ohne direkt an der Durchführung der Handlung beteiligt zu sein (BORTZ, DÖRING 1995, 241ff).

5.6.1 Demonstration einer Tätigkeit durch die Anleiterin

Diese Form der Anleitung ist speziell für Lernende zu Beginn ihrer Ausbildung gedacht bzw. immer dann angezeigt, wenn die Schülerin große Unsicherheit zeigt, die Einführung neuer oder unbekannter Techniken/Maßnahmen erfolgt oder die Schülerin diese Form der Anleitung, z.B. nach der Wahrnehmung von Lerndefiziten, selbst wünscht. Die Anleiterin übernimmt im Rahmen dieser Anleitungsform aktiv die Planung, Durchführung und Evaluation der auszuführenden Handlung, während die Schülerin die Rolle der Beobachterin einnimmt. Für die Beobachtung können im

Vorgespräch gezielte Aufträge an die Schülerin gegeben werden (SÜß 1996, 61f). AEBLI (1998, 72ff) fordert für das *„Vorzeigen"* ein *„langsames"*, *„wiederholtes"* und *„eindringliches"* Vorgehen, bei dem sich die Erklärungen auf *„das Wesentliche"* beziehen. Außerdem sollen komplexe Handlungen in Teilhandlungen zerlegt und diese beschrieben werden. Um eine gute *„Verständlichkeit"* zu erreichen, schlägt SCHULZ VON THUN (1994, 140ff) vor, die *„Einfachheit"* sowie die *„Kürze und Prägnanz"* einer Darstellung zu bevorzugen. Für das Demonstrieren einer Tätigkeit gehört dazu u.a. die Verwendung von kurzen Sätzen, geläufigen Wörtern sowie die Erklärung von Fachvokabular.
In diesem Zusammenhang spielt auch das *„Lernen am Modell"* (BANDURA 1979) eine wesentliche Rolle (s. 4.1.3 und 5.7.4), d.h. die Schülerin wird die Tätigkeit der Hebamme beobachten und dieses Verhalten ggf. zu einem späteren Zeitpunkt reproduzieren.

5.6.2 Gemeinsames Durchführen einer Tätigkeit (Anleiterin/Schülerin)

Bei dieser Form der Anleitung findet eine Aufgabenteilung statt, die vor Beginn der Maßnahme klare Absprachen erfordert. Es wird vereinbart, welche Aufgaben die Schülerin während der Durchführung übernimmt und an welcher Stelle die Anleiterin aktiv wird (SÜß 1996, 62f). Außerdem kann die Schülerin an der Planung und der Evaluation der Handlung beteiligt werden. Stufenweise kann sich der Aufgaben-Anteil der Schülerin erhöhen bis sie ihre fachliche Autonomie erreicht hat. Eine unvorhergesehene notwendige Unterstützung der Schülerin durch die Hebamme kann unter Umständen erforderlich sein und verlangt neue Absprachen. Diese sollten möglichst diplomatisch erfolgen, um auch die Gebärende nicht zu beunruhigen. Die Anleiterin muss während der Durchführung sensibel wahrnehmen, wann und ob ihre Hilfe bzw. ihr Eingreifen erforderlich wird. Außerdem kann die Schülerin ein zuvor vereinbartes *„Hilfssignal"* senden, wenn sie eine Unterstützung wünscht. Notwendige Interventionen sollten in diesen Fällen dosiert erfolgen, d.h., die Tätigkeit wird nicht komplett von der Hebamme übernommen, sondern die Schülerin erhält solange Unterstützung bis sie selbstständig fortfahren kann (SÜß 1996, 62ff). Eine frühzeitige Beteiligung der Schülerinnen an der Planung, Durchführung und Evaluation der Handlung sorgt für ein besseres Behalten des Gelernten und bewirkt durch die Übernahme von Verantwortung eine Steigerung der Motivation und des Selbstvertrauens (GNAMM, DENZEL 1997, 152f).

5.6.3 Beobachtung einer Tätigkeit durch die Anleiterin

Hebammenschülerinnen, die über eine praktische Tätigkeit theoretisch informiert sind, diese beobachtet und schon in Teilen durchgeführt haben, können entsprechend komplexe Handlungen selbstständig planen, ausführen und evaluieren. Die Anleiterin übernimmt dabei eine Beobachtungs- und Beratungsfunktion. Im Vorgespräch sollte eine Erläuterung dessen stattfinden, was die Schülerin geplant hat. Die Hebamme kann durch gezielte Fragen die Planung des Handelns und das Setzen von Prioritäten fördern. Außerdem können Beobachtungskriterien vereinbart werden. In der Durchführungsphase sollte die Ausbilderin möglichst vermeiden, in den Tätigkeitsablauf der Schülerin einzugreifen, sofern keine veränderte oder für die Gebärende gefährliche Situation vorliegt bzw. die Schülerin den Wunsch äußert, unterstützt zu werden (SÜSS 1996, 63ff).

5.7 Methodische Integration in die Praxis

In jeder Anleitungssituation soll der in Abschnitt 5.5 dargestellte Handlungszyklus seine Anwendung finden. Sollte aufgrund der Kreißsaalsituation (z.B. bei hoher Arbeitsbelastung oder einem hohen Anteil regelwidriger Geburtsverläufe) dieses Vorgehen nicht möglich sein, können zumindest die Grundzüge des Anleitungsprozesses angewandt werden. Das könnte bedeuten, dass nicht die Einzeltätigkeiten ausführlich erörtert, jedoch im Rahmen eines Vorgesprächs möglichst präzise Absprachen mit der Schülerin getroffen werden. Das ist insbesondere zu Beginn der Ausbildung wichtig, da von Seiten der Schülerin häufig große Unsicherheiten bestehen. Durch einen klar formulierten Aufgabenbereich, gezielte Absprachen und die kontinuierliche wechselseitige Information entsteht für beide Seiten eine Verlässlichkeit, die eine Voraussetzung für die professionelle Zusammenarbeit darstellt. Zu einem späteren Zeitpunkt sollte im Rahmen eines Nachgespräches die Möglichkeit bestehen, entstandene Fragen zu klären und die Entscheidungen bzw. das Geschehen zu reflektieren.

5.7.1 Wahl der Anleitungsform

Innerhalb des Vorgesprächs sollte die Entscheidung fallen, welche Form der Anleitung gewählt werden kann (s. 5.5). Dabei wird erörtert, über welche Handlungskompetenzen die Schülerin bereits verfügt und wie das Thema von der Schülerin am besten erschlossen werden kann. Im Anschluss daran wird die Vorgehensweise festgelegt, d.h., es wird entschieden, ob die Tätigkeit z.B. zuerst demonstriert wird und im Anschluss daran unter Beobachtung bereits direkt durch die Schülerin ausgeführt werden kann. Diese Form könnte beispielsweise bei der Aufzeichnung der fetalen Herzfrequenz mittels Kardiotokographie (CTG) gewählt werden. Die Hebamme erklärt das Vorgehen und die dazugehörigen wichtigen Kriterien, bevor sie das Anlegen der Kardiotokographie demonstriert. Anschließend können die während der Demonstrationsphase entstandenen Fragen geklärt werden und die Entscheidung fallen, ob das Vorgehen im nächsten Schritt miteinander durchgeführt wird oder die Schülerin sich bereits zutraut, ein CTG unter Aufsicht selbstständig anzulegen. Bevor die Handlung durchgeführt wird, ist es zweckmäßig, dass die Schülerin ihr geplantes Vorgehen noch einmal erläutert. Diese Methode („*Vorgespräch - vormachen - erklären - nachmachen - Nachgespräch*“) ist zwar zeitaufwendig und in der Praxis nicht

immer zu realisieren, verspricht jedoch einen hohen Lerneffekt. Sollte wenig Zeit zur Verfügung stehen, können die Schritte der Erklärung und der Ausführung durch die Schülerin auch zu einem späteren Zeitpunkt erfolgen. Der Lernerfolg kann durch die zeitliche Verschiebung jedoch geringer ausfallen (ARNOLD, LIPSMEIER, OTT 1998, 39f; MENSDORF 1999, 42f). Das Beispiel zeigt, dass durchaus auch Mischformen bei der Wahl der Anleitungsform möglich sind. Wenn eine komplexe Handlung in Teilhandlungen zerlegt wird (VOLPERT 1980, 16f), dann besteht z.B. für die Schülerin die Möglichkeit, eine dieser Teilhandlungen selbstständig auszuführen.
Die Integration einer Anleitungssituation in die tägliche Praxis des Hebammenwesens kann in vielseitiger Art und Weise geschehen. Der Kreativität sind dabei keine Grenzen gesetzt. An dieser Stelle können lediglich ausgewählte Methoden in ihren Grundzügen dargestellt werden.

5.7.2 Geplante Anleitung

Die effektivste Art, den individuellen Lernprozess einer Hebammenschülerin zu unterstützen, ist die bereits mehrfach erwähnte zielgerichtete und geplante Praxisanleitung (s. 5.2 und 5.5). Die Hebammenschülerin darf sich dabei hinsichtlich ihrer Ziele selbstorganisierend eigene Prioritäten setzen und individuelle Wünsche einbringen. Die Anleiterin wird sie in ihrem Lernprozess beraten und handlungsorientierte Lernsituationen schaffen (s. Kapitel 4). Im Hinblick auf die Organisation dieser Anleitungen sind „Anleitungstage" vorstellbar, die von vornherein im Dienstplan berücksichtigt werden und an denen die Hebamme und die Schülerin für die Anleitung partiell freigestellt sind. So besteht die Chance, sich gezielt auf die Anleitungssituation vorzubereiten und sich vollständig darauf konzentrieren zu können. Für die Planung muss berücksichtigt werden, dass nicht alle Lerninhalte im Vorfeld geplant werden können. Wenn die Schülerin z.B. die Assistenz bei einer Mikroblutuntersuchung (MBU) üben möchte, ist im Vorfeld nicht absehbar, ob sich an diesem Tag eine Gebärende im Kreißsaal befindet, bei deren Fetus eine solche Untersuchung durchgeführt werden muss. Für diese Lerninhalte kann dann z.B. eine der im Folgenden aufgeführten Integrationsmethoden in Betracht gezogen werden.
Die geplanten Anleitungen sind zeitlich aufwendig, rentieren sich aber hinsichtlich des Lernerfolges auch für den Arbeitsalltag. Die Schülerin kann im Anschluss an diesen gezielten Prozess sicherer und selbstständiger Tätigkeiten ausführen, von denen das ganze Team profitieren wird (MENSDORF 1999, 33ff).

5.7.3 Punktuelle Anleitung

Bei der *„punktuellen Anleitung"* (SÜß 1996, 68ff) ergibt sich innerhalb eines Dienstes eine Lernsituation, die auf Initiative der Schülerin oder der Hebamme aufgegriffen und bearbeitet wird. Dies ist sicherlich die am häufigsten anzutreffende Anleitungsart, die in allen Ausbildungsabschnitten möglich und gut in den Dienst zu integrieren ist. Die beste Voraussetzung ist, wenn der Anleiterin das Vorwissen der Schülerin bekannt ist, da dies die Vorbereitungsphase deutlich verkürzt. Auch bei der punktuellen Anleitung sollte der Handlungszyklus angewendet werden. Je nach den zeitlichen Ressourcen ist eine verkürzte Form denkbar. Dies ist insbesondere dann möglich, wenn die Hebamme z.B. durch die Zusammenarbeit über einen längeren Zeitraum schon darüber informiert ist, welche Handlungsschritte die Schülerin bereits beherrscht. So können auch Teilhandlungen übernommen und später zu einem Komplex zusammengesetzt werden. Am Beispiel der MBU könnte die Schülerin beispielsweise die Vorbereitung der Gebärenden und der Materialien übernehmen, sich jedoch die für diesen Eingriff erforderliche Assistenz noch einmal demonstrieren lassen.

5.7.4 Lernen am Modell

Im gesamten Kreißsaalalltag, besonders auch bei der Demonstration einer Tätigkeit, sollte der anleitenden Hebamme bewusst sein, dass sie als Modell wirkt (s. 4.1.3) bzw. eine gewisse Vorbildfunktion übernimmt. Sie sollte deshalb u.a. daran interessiert sein, die Tätigkeit fachlich korrekt und vollständig zeigen, erklären und begründen zu können (ABERMETH 1995, 158f). Dieses Beobachtungslernen darf in seiner Wirkung nicht unterschätzt werden, sollte aber auf keinen Fall dazu führen, dass die Schülerin durch die reine Mitarbeit lernen muss und keine gezielten Anleitungen erhält.

5.7.5 Fallbeispiel

Im Zentrum dieser Methode steht die Erfassung der Gesamtsituation z.B. einer Schwangeren, die mit vorzeitiger Wehentätigkeit stationär aufgenommen wurde. Es sollen verschiedene Aspekte berücksichtigt werden und in die weitere Pflegeplanung für diese Frau eingehen können. Eine interdisziplinäre Zusammenarbeit mit den anderen Berufsgruppen ist für die Umsetzung der dabei entstehenden Ideen erforderlich (SÜß 1996, 72ff). Im Rahmen eines Fallbeispiels kann die Schülerin versuchen, mit Hilfe der Anamnese und durch individuelle Gespräche mit der Schwangeren möglichst viele Gesichtspunkte zur Beurteilung des „Falles“ wahrzunehmen und zu beleuchten. Außerdem können die Anleiterin und die Schülerin sich gegenseitig die objektiven Kriterien und ihre subjektiven Wahrnehmungen schildern und diese diskutieren. Im Anschluss daran kann der Behandlungsplan gegebenenfalls modifiziert werden. Eine Fallbesprechung dient u.a. auch dem *„exemplarischen“* Lernen (KLAFKI 1997, 21), denn neben den individuell zu berücksichtigenden Faktoren besteht auch ein Lernzuwachs für die Aspekte, die generalisiert werden können.

5.7.6 Offenes Rollenspiel

Diese Methode eignet sich insbesondere dann, wenn sich keine Gebärende im Kreißsaal befindet und die Zeit somit für fiktive Lernsituationen genutzt werden kann. Beim *„offenen Rollenspiel“* geht es nach MEYER (1989, 357ff) darum, eine übernommene Rolle *„kreativ und konstruktiv auszufüllen“* und keine Festlegungen hinsichtlich der Handlungsalternativen zu treffen. Rollenspiele tragen ganz generell zur *„Aneignung gesellschaftlicher Wirklichkeit"* bei. Die Schülerinnen können lernen, das eigene Handeln sowie das *„Denken, Fühlen und Handeln"* der anderen Beteiligten zu verstehen und zugleich ihre persönliche Handlungskompetenz erweitern. Diese Methode ist auch sehr gut in Kleingruppen anwendbar, da mehrere Schülerinnen beteiligt werden können. Die Anleiterin sollte eine Einführung in das Thema geben und die aktiven Rollen sowie die Beobachtungsrollen unter Mitentscheidung der Schülerinnen festlegen. Nach einer kurzen Einarbeitungszeit und der Formulierung der Beobachtungsaufträge wird das Rollenspiel durchgeführt und im Anschluss daran ausgewertet. Ein Thema für den Kreißsaal könnte z.B. die Erhebung einer Anamnese bei einer Gebärenden mit regelmäßiger kräftiger Wehentätigkeit sein. Eine Schülerin kann das Anamnesegespräch führen, während eine andere den Part der Gebärenden übernimmt. Wenn genügend Personen im Dienst sind, kann auch die Rolle des Partners eingenommen werden. Vorstellbar ist außerdem, die Rolle einer Ärztin zu übernehmen, die im Laufe des Gesprächs eine Auskunft zur Gebärenden haben möchte. Rollenspiele können sehr wahrheitsgetreu durchgeführt werden und decken häufig persönliche Einstellungen und Haltungen, aber auch Konfliktsituationen auf (MEYER 1989, 362).

5.8 Kompetenzen der Anleiterinnen

Um die *„kooperative Selbstqualifikation"* (HALFPAP 1996, 32) der Schülerinnen zu erreichen, bedarf es einer *„lebendigen Lernkultur"* (ARNOLD 1995, 301), in der die Lernprozesse *„schülerzentriert"* und mit zunehmender Selbststeuerung der Schülerinnen arrangiert werden. Die Ausbilderinnen fungieren in diesem Geschehen primär als *„Moderatorinnen"*, *„Beraterinnen"* und *„Impulsgeberinnen"*, die die Schülerinnen *„lernen lassen"* und versuchen, *„Handlungslernsituationen"* zu schaffen (HALFPAP 1996, 32 s. auch Kapitel 4). Um dieser Rolle gerecht zu werden, muss auch die Anleiterin über entsprechende Kompetenzen verfügen (WITTWER 1995, 336f). SCHAUBE (1996, 51) verlangt für die *„Professionalität"* von Lehrerinnen ein *„...Trias von Fachkompetenz, Sozialkompetenz und Selbstkompetenz"*. Dies gilt auch für die anleitenden Hebammen, da sich die geforderte *„berufliche Handlungskompetenz"* aus diesen Basiskompetenzen zusammensetzt (BADER, RUHLAND 1996, 31; WOLFF 1996, 17).

ERPENBECK UND HEYSE (1999, 161f) bezeichnen die Kompetenzen als *„notwendige Disposition"* des *„selbstorganisierten biographischen Handelns"* und zeigen für den Strukturzusammenhang einige Voraussetzungen auf. Sie beschreiben: *„Kompetenzen werden von Wissen fundiert, durch Werte konstituiert, als Fähigkeiten disponiert, durch Erfahrungen konsolidiert, aufgrund von Willen realisiert"*. Dies hat auch für die Praxisanleitung eine Bedeutung.

5.8.1 Fachkompetenz

Zur Fachkompetenz der Anleiterin ist nicht nur das geburtshilfliche Fachwissen zu zählen, sondern auch das *„fächerübergreifende Wissen"* und die Fähigkeit, dieses Wissen innerhalb des praktischen Handelns anzuwenden. Das bedeutet auch, es *„sinnorientiert einzuordnen und zu bewerten"* sowie *"kreativ Probleme zu lösen"* (ERPENBECK , HEYSE 1999, 156ff). Für die Anleitungssituation sollten demnach unterschiedliche Methoden und Vorgehensweisen geläufig sein und zielorientiert eingesetzt werden können. Unter dem Stichwort *„Evidenz-basierte Praxis"* wird es auch für die Zukunft im Hebammenwesen immer wichtiger werden, die Entscheidungen für eine bestimmte Vorgehensweise auch wissenschaftlich begründen zu können bzw. *„Wirkung und Nutzen einer Maßnahme"* im Rahmen von Studien nachzuweisen (HASSELER 1999, 416ff). Für die Ausbildung von Hebammenschülerinnen sollten diese Begründungen im Handlungsprozess ihren Platz finden, denn die *„effektive Betreuung gründet auf evidenzbasierten Erkenntnissen"* (GROß, DUDENHAUSEN 1998, VI). Die Zusammenarbeit mit den Schülerinnen lässt viele Lernerfahrungen und neue Sichtweisen zu, die es zu nutzen gilt. Außerdem trägt die notwendige Begründung der eigenen Handlungen dazu bei, deren Sinn immer wieder zu reflektieren. Da sich berufliches Wissen ständig neu konstituiert (BECK 1997, 31), sind regelmäßige Fort- und Weiterbildungen der Hebammen unerlässlich. Darüber hinaus sollte die Praxisanleitung durch die Aneignung pädagogisch-didaktischen Wissens fundiert werden.

5.8.2 Sozialkompetenz

Die Sozialkompetenz der Anleiterinnen sollte sich durch *„Teamfähigkeit"*, *„Kooperationsbereitschaft"*, *„Einfühlungsvermögen"* und *„Kommunikationsfähigkeit"* auszeichnen (ERPENBECK, HEYSE 1999, 159). Die anleitenden Hebammen sollten daran interessiert sein, eine positive zwischenmenschliche Beziehung aufzubauen (s. 4.3 und 4.4) und verantwortungsbewusst und partnerschaftlich mit der Schülerin zusammenzuarbeiten. Die Beziehungsarbeit stellt innerhalb der Praxisanleitung einen besonderen Wert dar und nimmt Einfluss auf den gesamten Ausbildungsprozess.

5.8.3 Humankompetenz

Zu einer professionellen Gestaltung der Praxisanleitung gehört auch, die persönlichen Bedürfnisse und die individuellen Grenzen zu kennen und zu akzeptieren (SÜß 1996, 195). Ein zu hoher Anspruch an die eigenen Fähigkeiten könnte zu Frustrationen führen und das Engagement für die Anleitung der Schülerinnen blockieren. Deshalb ist die Bereitschaft zur Selbstreflexion eine wichtige Voraussetzung für die pädagogische Tätigkeit. Dabei sollen individuelle *„Einstellungen"*, *„Werthaltungen"* und auch *„Motive und Selbstbilder"* erkannt und weiterentwickelt werden (ERPENBECK , HEYSE 1999, 157). Die Entfaltung der persönlichen Begabungen kann ihren Ausdruck z.B. durch spezielle Fort- und Weiterbildungen und die Übernahme von Verantwortlichkeiten erfahren. Hiervon können sekundär auch die Schülerinnen profitieren.

5.9 Zusammenfassung

Für die in diesem Kapitel aufgezeigten Handlungsempfehlungen zur Praxisanleitung wurden die zuvor dargestellten Grundlagen als Basis betrachtet und genutzt. Da die Hebammenschülerinnen während ihrer Ausbildung kaum methodische Praxisanleitungen erhalten und sich eine Verbesserung derselben wünschen, wurde aufgezeigt, dass die praktische Anleitung zielorientiert und dem individuellen Lernprozess der Schülerin entsprechend geplant, durchgeführt und bewertet werden muss. Um das Ausbildungsziel und eine berufliche Handlungskompetenz zu erreichen, wird ein besonderer Wert darauf gelegt, eine positive zwischenmenschliche Beziehung herzustellen, die Selbstorganisation der Schülerin zuzulassen und die Anleitungssituationen handlungsorientiert zu gestalten. Innerhalb dieses Prozesses soll sich die Anleiterin als Beraterin verstehen, an partnerschaftlicher Teamarbeit interessiert sein und eine Lernortkooperation unterstützen. Für die Gestaltung der Rahmenbedingungen wird eine Ausweitung des Einsatzes von Mentorinnen, die an einer entsprechenden Weiterbildung teilgenommen haben, befürwortet. Um diese Aufgabe professionell erfüllen zu können, sollte eine partielle Freistellung von der Kreißsaalarbeit erfolgen. Die Zusammenarbeit mit den Schülerinnen kann des Weiteren durch ein Bezugshebammensystem und die Bildung von Dyaden verbessert werden, wobei weiterhin das gesamte Team die Verantwortung für die Praxisanleitung trägt. Die Kreißsaaleinsätze der Schülerinnen sollten zudem durch ein Erst-, Zwischen- und Abschlussgespräch begleitet sein.
Für die Strukturierung des Anleitungsprozesses können in Anlehnung an die Handlungstheorie die Phasen *„Orientierung - Zielvereinbarung - Planung und Entscheidung – Durchführung und Kontrolle – Reflexion und Evaluation“* ihre Anwendung finden. Dazu werden in einem Vorgespräch die individuellen Lernvoraussetzungen der Schülerin erörtert, ihre Ziele konkretisiert, mit den Zielen der Anleiterin abgestimmt und eine geeignete Anleitungsform gewählt. So findet eine konkrete Planung des gesamten Ablaufes statt. Danach wird die Durchführung der Tätigkeit durch die Hebamme begleitet und im Anschluss daran der gesamte Prozess sowie das Ergebnis im Rahmen eines Nachgespräches reflektiert und evaluiert. Für die Gestaltung der Praxisanleitung sind unterschiedliche Formen und Integrationsmöglichkeiten vorstellbar. Je nach Lernstand der Schülerin werden Tätigkeiten von der Hebamme demonstriert und durch die Schülerin beobachtet, von der Hebamme und der Schülerin gemeinsam ausgeführt und beobachtet oder von der Schülerin selbstständig durchgeführt und durch die Anleiterin beobachtet. Die methodische Integration in die Praxis kann dabei in Form von geplanten und punktuellen Anleitungen, durch die Berücksichtigung des Lernens am Modell, aber z.B. auch in Form von Fallbeispielen und of-

fenen Rollenspielen erfolgen. Um der Rolle als Anleiterin in der Hebammenausbildung gerecht zu werden, sollten die anleitenden Hebammen sowohl über Fach- als auch über Sozial- und Humankompetenz verfügen.

6 Resümee und Ausblick

In dem vorliegenden Buch wurde versucht, wesentliche Aspekte bezüglich der Praxisanleitung in der Hebammenausbildung darzustellen. Ein Ziel bestand darin, der Fragestellung nachzugehen, wie Hebammenschülerinnen ihre praktische Ausbildung empfinden und welche Erwartungen sie an ihre Ausbilderinnen stellen. Die Ergebnisse dieser Informationssammlung wurden genutzt, um Handlungsempfehlungen für Hebammen zur praktischen Ausbildung von Hebammenschülerinnen aufzuzeigen. Diese sollen als Anregung und Hilfestellung verstanden werden und verfolgen den Zweck, eine größere Zufriedenheit sowohl seitens der Schülerinnen als auch seitens der Anleiterinnen zu erreichen.
Die Abbildung 17 fasst die wichtigsten Aspekte für die Praxisanleitung noch einmal grafisch zusammen.

Abbildung 17: Schaubild Praxisanleitung in der Hebammenausbildung

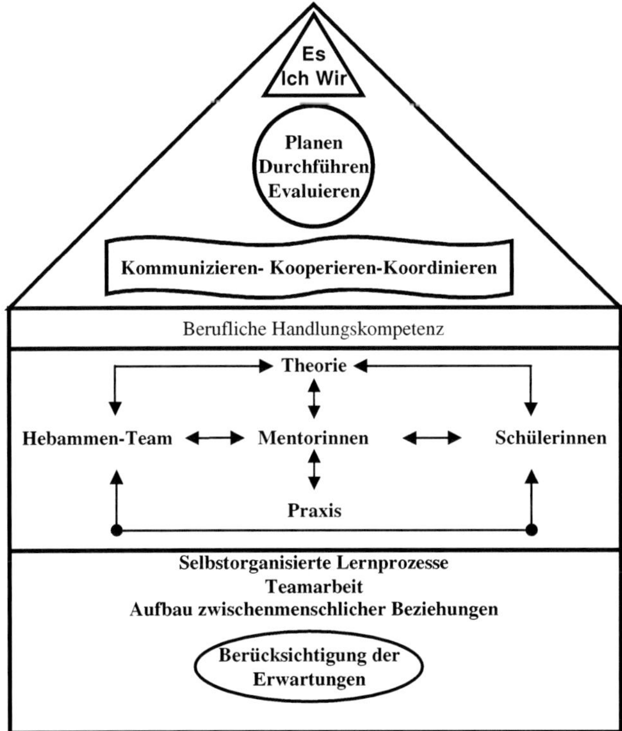

Quelle: Eigenerstellung

Um der verantwortungsvollen Tätigkeit des Hebammenberufs gerecht zu werden, sollte die Gestaltung der praktischen Ausbildung zielgerichtet und professionell erfolgen. Zusammengefasst lassen sich im Rahmen dieser Arbeit spezielle Merkmale für die Praxisanleitung aufzeigen. Sie werden in Tabelle 4 dargestellt. Da es sich bei der praktischen Anleitung um eine breitgefächerte Thematik handelt, wird kein Anspruch auf Vollständigkeit erhoben. Die einzelnen Ausbildungskreißsäle können entsprechend ihrer institutionellen und organisatorischen Bedingungsfaktoren diese Liste um die für sie relevanten Aspekte erweitern.

Tabelle 4: Merkmale für die Praxisanleitung in der Hebammenausbildung

Praxisanleitung in der Hebammenausbildung...
...bedeutet für die Hebammen im Kreißsaal: ✳ Die gemeinsame Verantwortung für die Anleitung zu tragen. ✳ Die Kolleginnen zu unterstützen, die eine Rolle als Bezugshebamme oder als Mentorin übernehmen möchten. ✳ Möglichst vielen Kolleginnen die Möglichkeit zu geben, sich zur Mentorin weiterzuqualifizieren. ✳ An Fort- und Weiterbildungen interessiert zu sein. ✳ Die eigenen Kompetenzen kontinuierlich weiterzuentwickeln. ✳ Die persönlichen Handlungen, Haltungen und Einstellungen immer wieder zu reflektieren. ✳ Auch für sich selbst Sorge zu tragen, d.h. die eigenen Grenzen zu beachten und zu akzeptieren. ✳ Kritikfähigkeit und Veränderungsbereitschaft zu zeigen. ✳ Eigene Begabungen zu entfalten.
...bedeutet für die Zusammenarbeit mit den Schülerinnen: ✳ Die Gebärende weiterhin in den Mittelpunkt der Betreuung zu stellen. ✳ Eine vertrauensvolle zwischenmenschliche Beziehung herzustellen, die sich durch Akzeptanz, Authentizität, Transparenz und Empathie auszeichnet. ✳ Kommunikative Situationen professionell zu gestalten sowie Feedback zu geben und zu nehmen. ✳ An Teamarbeit interessiert zu sein und die Zusammenarbeit mit den Schülerinnen partnerschaftlich zu gestalten. ✳ Persönliche Erwartungen mitzuteilen und auch an den Erwartungen der Schülerinnen interessiert zu sein. ✳ Die Berufsbildung auch als Persönlichkeitsbildung zu sehen. ✳ Eine konstruktivistische Sichtweise einnehmen zu können.

Praxisanleitung in der Hebammenausbildung...

...bedeutet für die Gestaltung der Anleitungen:

* Dafür Sorge zu tragen, dass die praktische Ausbildung professionell gestaltet wird.
* Die Axiome und Postulate der Themenzentrierten Interaktion zu berücksichtigen und eine Balance der Basiskomponenten aufrechtzuerhalten.
* Die berufliche Handlungskompetenz der Schülerinnen zu fördern und zu unterstützen.
* Erst-, Zwischen- und Abschlussgespräche zu planen, durchzuführen und zu evaluieren.
* Die Selbstorganisation der Schülerinnen zuzulassen und ihren individuellen Lernprozess zu begleiten.
* Lernen als Aneignungsprozess zu verstehen und handlungsorientierte Lernsituationen zu schaffen.
* Im Lernprozess die Rolle der Beraterin und Impulsgeberin zu übernehmen.
* Eine Vernetzung von Theorie und Praxis herzustellen und die Lernortkooperation zu unterstützen.
* Eine positive Lernatmosphäre sowie Lernarrangements zu schaffen.
* Die Anleitung im Sinne einer vollständigen Handlung zu planen, durchzuführen und zu evaluieren (Phasen im Anleitungsprozess!).
* Lernsituationen zu erkennen und zu nutzen.
* Verschiedene Formen der Anleitung gezielt einzusetzen.
* Anleitungen methodisch sinnvoll in die Praxis zu integrieren.

Quelle: Eigenerstellung

Mag der hier dargestellte Anspruch an die Praxisanleitung auch beträchtlich erscheinen, so soll an dieser Stelle noch einmal erwähnt werden, dass die Ausbildung von Hebammen einen hohen Stellenwert besitzt. Auch für die Professionalisierung im Hebammenwesen stellt sie einen ausschlaggebenden Faktor dar, denn während der Ausbildung wird der Grundstein für die spätere berufliche Handlungskompetenz gelegt.

Nicht unerwähnt bleiben soll, dass in vielen Hebammenschulen bzw. Ausbildungskreißsälen und auf den dazugehörigen Stationen bereits sehr engagierte Anleiterinnen tätig sind, die einen hohen persönlichen Einsatz zeigen und die Schülerinnen auf ihrem Ausbildungsweg gezielt begleiten und unterstützen.

Da es sich bei den dargestellten Empfehlungen zur Mentorentätigkeit (s. 3.4) um keine verbindlichen Regelungen handelt, wird das persönliche Engagement der Anleiterinnen und Mentorinnen in der Zukunft weiterhin gefordert sein. Die Mentorinnen sollten sich um eine partielle Freistellung für die Anleitungstätigkeit bemühen, auch wenn es im Rahmen der Kostendämpfung im Gesundheitswesen ein beschwerlicher Weg sein wird.

Eine fundierte Gestaltung der Praxisanleitung erfordert Zeitressourcen und Kompetenzen der Anleiterinnen. Die neuen Gesetzesentwürfe für das Hebammenwesen müssen dies berücksichtigen und entsprechend integrieren. Denkbar ist in diesem Zusammenhang außerdem die Implementierung eines Qualitätsmanagementsystems in die Hebammenschulen.

Sollten die Bestrebungen des BDH Erfolg haben, und die grundständige Hebammenausbildung an die Fachhochschulen verlagert werden (BARRE 2000, 123ff, KEHRBACH 2002, 37; WOLBER 2002, 221ff), so bleibt die Bedeutung einer gezielten Theorie-Praxis-Verknüpfung weiterhin bestehen. Gefragt sind Hebammen, die sich für die praktische Ausbildung engagieren und diese professionell gestalten. Manche Hebamme mag auch in diesem Bereich eine Perspektive erblicken, um nach längerer Berufserfahrung ein neues Feld persönlicher Qualifizierung zu erkunden.

Aufgrund der ökonomischen Ressourcen umfasst diese Arbeit keine Befragung von Hebammen. Für eine wissenschaftliche Vertiefung würde dies jedoch einen lohnenden Ansatzpunkt darstellen. Es könnte z.B. gefragt werden, welche Motivationen Hebammen für eine Tätigkeit in einem Ausbildungskreißsaal haben und ob sie die Anleitungstätigkeit vorwiegend als Belastung oder als Bereicherung empfinden. Vorstellbar wäre auch eine Untersuchung, die beleuchtet wie Hebammen die Zusammenarbeit von Schülerinnen und Hebammen einschätzen. Des Weiteren wäre es interessant, sich den Ausbildungsprozess einiger Schülerinnen anzusehen und zu untersuchen, ob sie in einer späteren Tätigkeit als Anleiterin die Erwartungen erfüllen können, die sie innerhalb ihrer Ausbildung an ihre Anleiterinnen stellen. Es zeigt sich, dass diese Thematik nicht erschöpft ist, sondern noch viele Möglichkeiten zur Vertiefung bieten kann.

Für die praktische Ausbildung von Hebammenschülerinnen ist es insgesamt notwendig, ein System zu etablieren, in dem professionell angeleitet und gerne gemeinsam gelernt und gearbeitet werden kann. Die Beziehungsarbeit sollte darin einen großen Anteil finden.

WEIß U.A. (1994, 4) formulieren für den BDH *„Grundsätze einer Ethik für Hebammen"*.

Darin heißt es u.a.:

> *„Hebammen erforschen ihre Arbeit und begleiten sie wissenschaftlich, um die Qualität zu sichern. Sie gestalten ihre Aus-, Fort- und Weiterbildung. Ihr Wissen und ihre beruflichen Fähigkeiten geben ihnen Macht über die ihnen anvertrauten Menschen; diese Macht darf nicht missbraucht werden."*

Diese Sätze demonstrieren eine große Verantwortung seitens der Hebammen, die auch hinsichtlich der Ausbildung gilt. Um das Hebammenwesen für die Zukunft zu entwickeln und den Anforderungen dieses Berufes gerecht zu werden, bedarf es Hebammen, die den *„Wurzeln des Hebammenberufes"* (WEIß U.A. 1994, 12) treu bleiben. Die Anleiterinnen an den Hebammenschulen können hierzu ihren wertvollen Beitrag leisten.

Um zu vermeiden, dass aus unzufriedenen Schülerinnen Anleiterinnen werden, die wiederum unzufriedene Schülerinnen ausbilden, ist didaktisches Gespür, pädagogische Fachkompetenz und persönliche Offenheit geboten. Die Ergebnisse dieser Arbeit mögen helfen, verkrustete Strukturen aufzubrechen und damit einen Beitrag zur professionellen Gestaltung der praktischen Ausbildung zu leisten.

7 Literaturverzeichnis

Abermeth, L.:
Anleitung von Pflegeschülerinnen und -schülern. In: Oelke, U. u.a. (Hrsg.): Lernen in der Pflege. Band 6. Zur Berufssituation der Pflegenden II: Kommunikation, Interaktion, Anleitung. Baunatal 1995, S. 127-179.

Aebli, H.:
Denken: Das Ordnen des Tuns. Band I: Kognitive Aspekte der Handlungstheorie. 2. Auflage. Stuttgart 1993.

Aebli, H.:
Zwölf Grundformen des Lehrens. Eine Allgemeine Didaktik auf psychologischer Grundlage. 10. Auflage. Stuttgart 1998.

Alexnat, H.:
Spielräume und/oder Wandlungsmöglichkeiten in der klinischen Hebammentätigkeit. Die derzeitige Situation. In: Deutsche Hebammenzeitschrift, 51. Jahrgang, Heft 6, 1999, S. 304.

Antoni, C. H.:
Teamarbeit gestalten. Grundlagen, Analysen, Lösungen. Weinheim, Basel 2000.

Arnold, R.:
Neue Methoden betrieblicher Bildungsarbeit. In: Arnold, R.; Lipsmeier, A. (Hrsg.): Handbuch der Berufsbildung. Opladen 1995, S. 294-307.

Arnold, R.; Lipsmeier, A.; Ott, B.:
Berufspädagogik kompakt. Prüfungsvorbereitung auf den Punkt gebracht. Berlin 1998.

Autenrieth, M.; Siebig, J.:
Empfehlungen zur Tätigkeit von Mentoren für die praktische Ausbildung in der Krankenpflege. In: Baden-Württembergische Krankenhausgesellschaft e.V. (Hrsg.): Dokumentation 7, Stuttgart 1990.

Bader, R.; Ruhland, H.-J.:
Kompetenz durch Bildung und Beruf. In: Schaube, W. (Hrsg.): Handlungsorientierung für Praktiker. Ein Unterrichtskonzept macht Schule. 2. Auflage. Darmstadt 1996, S. 30-33.

Bandura, A.:
Lernen am Modell. Ansätze zu einer sozial-kognitiven Lerntheorie. Stuttgart 1976.

Bandura, A.:
Sozial-kognitive Lerntheorie. Stuttgart 1979.

Barre, F.:
Weiterbildung zur Mentorin für die praktische Ausbildung in der Geburtshilfe / Gynäkologie. In: Deutsche Hebammenzeitschrift, 49. Jahrgang, Heft 6, 1997, S. 284.

Barre, F.:
Bildungskonzept des BDH. In: Deutsche Hebammenzeitschrift, 50. Jahrgang, Heft 10, 1998, S. 516-520.

Barre, F.:
Bildungskonzept 2000 – Hebammenausbildung an der Fachhochschule. In: Deutsche Hebammenzeitschrift, 52. Jahrgang, Heft 3, 2000, S. 123-126.

Beck, H.:
Bereitschaft zu lebenslangem Lernen. In: Schaube, W. (Hrsg.): Lernkompetenz entwickeln. Anregungen für eine dynamische Unterrichtspraxis. Darmstadt 1997, S. 31-32.

Berkel, K.:
Konflikttraining. Konflikte verstehen und bewältigen. 4. Auflage. Arbeitshefte Führungspsychologie. Band 15. Heidelberg 1995.

BHSR:
BHSR-Treffen – Highlight in der Ausbildung. In: Deutsche Hebammenzeitschrift, 48. Jahrgang, Heft 8, 1996, S. 390.

BHSR:
BHSR. BundesHebammenSchülerinnenRat. S. 1-2.
http://www.geburtskanal.de/Wissen/Hebammen/BHSR.shtml (03.04.2001).

Bienstein, C. u.a.:
Pflege neu denken. Zur Zukunft der Pflegeausbildung. Hrsg.: Robert-Bosch-Stiftung. Stuttgart 2000.

Biermann, B.:
Familien und familiale Alternativen: Prozesse, Institutionen und Instanzen der primären Sozialisation. In: Biermann, B. u.a.: Soziologie. Gesellschaftliche Probleme und sozialberufliches Handeln. 2. Auflage. Neuwied, Kriftel, Berlin 1994, S. 31-93.

Binek, J.; Hoffmann, S.:
Interdisziplinäres Seminar. Ausbildung von Mentorinnen in Delmenhorst. In: Hebammenforum, 1. Jahrgang, Heft 11, 2000, S. 453.

Bischoff, C.:
Zukunftschance Zusammenarbeit – Die Dynamik von Theorie und Praxis in der Krankenpflegeausbildung. In: PflegePädagogik, 3. Jahrgang, Heft 2, 1993, S. 8-15.

Bischoff, C.:
Frauen in der Krankenpflege: Zur Entwicklung von Frauenrolle und Frauenberufstätigkeit im 19. und 20. Jahrhundert. 2. Auflage. Frankfurt/Main, New York 1994.

Bodanowitz, J.:
DAK-BGW Gesundheitsreport 2000 Krankenpflege (Kurzfassung). http://www.verbrauchernews.de/artikel/drucken.html?article=0000006829 (03.04.2001).

Borkenhagen, R.:
Moderationstips. Die wichtigsten Werkzeuge des Moderators. VHS-Prüfungszentrale (Hrsg.). Genehmigte Sonderausgabe für den Einsatz in Volkshochschulen. Hannover 1996.

Bortz, J.; Döring, N.:
Forschungsmethoden und Evaluation für Sozialwissenschaftler. 2. Auflage. Berlin, Heidelberg, New York 1995.

Bundesausschuss der Lehrerinnen und Lehrer für Pflegeberufe e.V. (BA e.V.):
Positionspapier „Praxisanleitung". Wuppertal 1999.

Caritas-Akademie für Pflegeberufe e.V.:
Zusammenarbeit des BDH mit der Caritas-Akademie für Pflegeberufe e.V. in Freiburg. In: Hebammenforum, 2. Jahrgang, Heft 3, 2001, S. 183-185.

Cohn, R. C.:
Von der Psychoanalyse zur themenzentrierten Interaktion. Von der Behandlung einzelner zu einer Pädagogik für alle. 14. Auflage. Stuttgart 2000.

Cohn, R. C.; Terfurth, C. (Hrsg.):
Lebendiges Lehren und Lernen. TZI macht Schule. Stuttgart 1993.

Crisand, E.:
Psychologie der Gesprächsführung. 5. Auflage. Arbeitshefte Führungspsychologie, Band 11. Heidelberg 1994.

Dahrendorf, R.:
Homo Sociologicus. 15. Auflage. Opladen 1977.

Deutsche Hebammenzeitschrift:
Verfasser der Redaktion bekannt: Ausbildung als Kampf. Wohl und Weh der Schülerin, DHZ 6/2000. Anonymisierter Leserbrief. In: Deutsche Hebammenzeitschrift, 52. Jahrgang, Heft 7, 2000, S. 416.

Deutsche Hebammenzeitschrift:
Verfasser der Redaktion bekannt: Ausbildung enttäuscht. Wohl und Weh der Schülerin, DHZ 6/2000. Anonymisierter Leserbrief. In: Deutsche Hebammenzeitschrift, 52. Jahrgang, Heft 9, 2000, S. 536.

Deutsche Hebammenzeitschrift:
Verfasser der Redaktion bekannt: Fehlender Humanismus. Wohl und Weh der Schülerin, DHZ 6/2000. Anonymisierter Leserbrief. In: Deutsche Hebammenzeitschrift, 52. Jahrgang, Heft 11, 2000, S. 656.

Dielmann, G.:
Praktische Anleitung der Schülerinnen und Schüler im Spannungsfeld zwischen Schule und Spital: Zuständigkeit, Berufsbild der Lehrerinnen, Kooperation. In: PflegePädagogik, 3. Jahrgang, Heft 2, 1993, S. 15-20.

DKG:
DKG-Positionspapier zu Einsatz, Qualifikation und Personalbedarfsermittlung von Mentoren für die Ausbildung in Krankenpflegeberufen – Beschluß des Vorstandes der DKG vom 18.09.1992. In: Das Krankenhaus, 84. Jahrgang, Heft 12, 1992, S. 590-591.

Dörner, D.:
Die Logik des Mißlingens. Strategisches Denken in komplexen Situationen. Reinbek 1992.

Dubs, R.:
Selbstständiges (einständiges oder selbstgeleitetes) Lernen: Liegt darin die Zukunft? In: Schaube, W. (Hrsg.): Lernkompetenz entwickeln. Anregungen für eine dynamische Unterrichtspraxis. Darmstadt 1997, S. 78-81.

Dulisch, F.:
Lernen als Form menschlichen Handelns. Wirtschafts- und berufspädagogische Schriften. Band 2. Bergisch Gladbach 1986.

Edelmann, W.:
Lernpsychologie. 5. Auflage. Weinheim 1996.

Effert, K.; Grundei, K.; Lange, W.:
Two Days Kaizen Activity. Handlungsorientiertes Gestalten von Unterrichtsräumen. In: Schaube, W. (Hrsg.): Handlungsorientierung für Praktiker. Ein Unterrichtskonzept macht Schule. 2. Auflage. Darmstadt 1996, S. 69-72.

Erpenbeck, J.; Heyse, V.:
Die Kompetenzbiographie. Strategien der Kompetenzentwicklung durch selbstorganisiertes Lernen und multimediale Kommunikation. Münster, New York, München, Berlin 1999.

Fachbeirat Pflege:
Empfehlung des Fachbeirats Pflege zur Durchführung der praktischen Ausbildung in den Krankenpflegeberufen. In: Hessisches Sozialministerium (Hrsg.): Staatsanzeiger für das Land Hessen, Nr. 52, 2000, S. 4377-4378.

Fengler, J.:
Feedback geben. Strategien und Übungen. Weinheim, Basel 1998.

Fiechter, V.; Meier, M.:
Pflegeplanung. Eine Anleitung für die Praxis. 9. Auflage. Basel 1993.

Fisher, R.; Brown, S.:
Gute Beziehungen. Die Kunst der Konfliktvermeidung, Konfliktlösung und Kooperation. Frankfurt/Main, New York 1989.

Fisher, K.; Rayner, S.; Belgard, W.:
Tipps für Teams. 416 Regeln für den Teamerfolg. 2. Auflage. Landsberg am Lech 2000.

Gnamm, E.; Denzel, S.:
Praxisanleitung – beim Lernen begleiten. Stuttgart 1997.

Göbel, S.; Knobloch, E.:
Die Hebammenschülerin und der Kreißsaal. In: Deutsche Hebammenzeitschrift, 50. Jahrgang, Heft 7, 1998, S. 365.

Greif, S.; Kurtz, H.-J.:
Selbstorganisation, Selbstbestimmung und Kultur. In: Greif, S.; Kurtz, H.-J. (Hrsg.): Handbuch Selbstorganisiertes Lernen. 2. Auflage. Göttingen, Bern, Toronto, Seattle 1998, S. 19-31.

Groß, M.; Dudenhausen, J. W.:
Geleitwort zur deutschen Ausgabe. In: Enkin u.a.: Effektive Betreuung während Schwangerschaft und Geburt. Ein Handbuch für Hebammen und Geburtshelfer. Wiesbaden 1998.

Gudjons, H.:
Handlungsorientiert lehren und lernen. Schüleraktivierung, Selbsttätigkeit, Projektarbeit. 6. Auflage. Bad Heilbrunn 2001.

Hacker, W.:
Ermüdung. In: Greif, S.; Holling, H.; Nicholson, N. (Hrsg.): Arbeits- und Organisationspsychologie. Internationales Handbuch in Schlüsselbegriffen. 3. Auflage. Weinheim 1997, S. 209-212.

Halfpap, K.:
Lernen lassen. Ein Wegweiser für pädagogisches Handeln. Darmstadt 1996.

Hasseler, M.:
Evidenz-basierte Praxis – Was ist das?! In: Pflege aktuell, Heft 7-8, 1999, S. 416-419.

Höflinger, J.:
Identität und Arbeit. Fallstricke und Chancen weiblicher Teamarbeit. In: Deutsche Hebammenzeitschrift, 50. Jahrgang, Heft 11, 1998, S. 570-572.

Höpfner, H.-D.:
Ein didaktisches Modell zur Entwicklung selbständigen Handelns. In: Zeitschrift für Berufs- und Wirtschaftspädagogik, 88. Band, Heft 5, 1992, S. 379-392.

Hüholdt, J.:
Wunderland des Lernens. Lernbiologie, Lernmethodik, Lerntechnik. 6. Auflage. Bochum 1992.

Huneke, M.:
MentorInnenarbeit. In: PflegePädagogik, 8. Jahrgang, Heft 5, 1998, S. 11-16.

Jank, W.; Meyer, H.:
Didaktische Modelle. 3. Auflage. Berlin 1994.

Kauffeld, S.:
Teamdiagnose. Göttingen, Bern, Toronto, Seattle 2001.

Kehrbach, A.:
Die Beirätin für den Bildungsbereich stellt vor. In: Hebammenforum, 3. Jahrgang, Heft 1, 2002, S. 37.

Kerlen-Petri, K.:
Zusammenarbeit in der Klinik. In: Hebammenforum, 1. Jahrgang, Heft 8, 2000, S. 249-250.

Kirchner, S.:
Das heimliche Sterben der Hebammenhilfe. In: Mabuse, 23. Jahrgang, Heft 114, 1998, S. 44-48.

Klafki, W.:
Die bildungstheoretische Didaktik im Rahmen kritisch-konstruktiver Erziehungswissenschaft. In: Gudjons, H.; Winkel, R.: Didaktische Theorien. 9. Auflage. Hamburg 1997, S. 13-34.

Köck, P.; Ott, H.:
Wörterbuch für Erziehung und Unterricht. 6. Auflage. Donauwörth 1997.

Kösel, E.:
Die Modellierung von Lernwelten. Ein Handbuch zur Subjektiven Didaktik. 3. Auflage. Elztal-Dallau 1997.

Koeth, B.:
Jede Schülerin ist nur so gut wie ihre anleitende Hebamme. In: Deutsche Hebammenzeitschrift, 45. Jahrgang, Heft 7, 1993 a, S. 297-299.

Koeth, B.:
Von Hexen und Hebammen. In: Deutsche Hebammenzeitschrift, 45. Jahrgang, Heft 12, 1993 b, S. 510-511.

Koeth, B.; Kolfenbach, M.:
Fortschritte in der Hebammenausbildung nicht in Sicht. In: Deutsche Hebammenzeitschrift, 44. Jahrgang, Heft 1, 1992, S. 26.

Kurtenbach, H.; Horschitz, H.:
Hebammengesetz. Gesetz über den Beruf der Hebamme und des Entbindungspflegers vom 4. Juni 1985 mit den Richtlinien der Europäischen Gemeinschaft und der Ausbildungs- und Prüfungsordnung für Hebammen mit Erläuterungen. 2. Auflage. Hannover 1994.

Lamnek, S.:
Qualitative Sozialforschung. Band 1. Methodologie. 3. Auflage. Weinheim 1995.

Lamnek, S.:
Qualitative Sozialforschung. Band 2. Methoden und Techniken. 3. Auflage. Weinheim 1995.

Landmeyer, E.:
Mentorentätigkeit - Bindeglied der Lernortkooperation. In: Unterricht Pflege, 5. Jahrgang, Heft 3, 2000, S. 30-37.

Lange, J.:
Mobilität und Veränderungsbereitschaft angestellter Hebammen. In: Deutsche Hebammenzeitschrift, 51. Jahrgang, Heft 12, 1999, S. 688-694.

Langmaack, B.:
Themenzentrierte Interaktion. Einführende Texte rund ums Dreieck. 3. Auflage. Weinheim, Basel 2000.

Langmaack, B.; Braune-Krickau, M.:
Wie die Gruppe laufen lernt. Anregungen zum Planen und Leiten von Gruppen. 7. Auflage. Weinheim 2000.

Leuzinger, A.; Luterbacher, T.:
Mitarbeiterführung im Krankenhaus. Spital, Klinik und Heim. 2. Auflage. Bern, Göttingen, Toronto, Seattle 1994.

Lipp, U.; Will, H.:
Das große Workshop-Buch - Konzeption, Inszenierung und Moderation von Klausuren, Besprechungen und Seminaren. 4. Auflage. Weinheim, Basel 2000.

Mayring, P.:
Einführung in die qualitative Sozialforschung. 4. Auflage. Weinheim 1999.

Mensdorf, B.:
Was gelernt und verstanden wurde, kann umgesetzt werden. In: Pflegezeitschrift, 51. Jahrgang, Heft 1, 1998, S. 60-63.

Mensdorf, B.:
Schüleranleitung in der Pflegepraxis. Hintergründe - Konzepte - Probleme - Lösungen. Stuttgart, Berlin, Köln 1999.

Mensdorf, B.:
Praxisanleitung ist keine Nebensache. In: Pflegezeitschrift, 53. Jahrgang, Heft 2, 2000, S. 86-90.

Meyer, H.:
Schulpädagogik. Band I: Für Anfänger. Berlin 1997.

Meyer, H.:
Schulpädagogik Band II: Für Fortgeschrittene. Berlin 1997.

Meyer, H.:
UnterrichtsMethoden II: Praxisband. 2. Auflage. Frankfurt am Main 1989.

Monney Hunkeler, M.-C.:
Die Ausbilderinnen der Hebammen und ihre Situation im Spital. In: Deutsche Hebammenzeitschrift, 48. Jahrgang, Heft 7, 1996 a, S. 303-308.

Monney Hunkeler, M.-C.:
Das Ausbildungskonzept der Hebammenschule Bern. In: Deutsche Hebammenzeitschrift, 48. Jahrgang, Heft 6, 1996 b, S. 265-269.

Monney Hunkeler, M.-C.:
Das Ausbildungskonzept der Hebammenschule Bern. In: PflegePädagogik, 6. Jahrgang, Heft 4, 1996 c, S. 21-23.

Monney Hunkeler, M.-C.:
Die Ausbilderinnen der Hebammen und ihre Situation im Spital. In: PflegePädagogik, 7. Jahrgang, Heft 1, 1997, S. 10-13.

Montada, L.:
Die geistige Entwicklung aus der Sicht Jean Piagets. In: Oerter, R.; Montada, L. (Hrsg.): Entwicklungspsychologie. 4. Auflage. Weinheim 1998, S. 518-560.

Muster-Wäbs, H.:
Rückblick und Abschied einer Gruppe gestalten: Ausstieg und Transfer. In: Unterricht Pflege, 5. Jahrgang, Heft 2, 2000, S. 39-46.

Nissen, P.:
Die Moderationsmethode in der Schule. In: Pädagogik, 48. Jahrgang, Heft 12, 1996, S. 6-9.

Olbrich, S.:
Unzufriedenheit als Motor für Veränderungen. In: Deutsche Hebammenzeitschrift, 52. Jahrgang, Heft 12, 2000, S. 701-702.

Pätzold, G.:
Vermittlung von Fachkompetenz in der Berufsbildung. In: Arnold, R.; Lipsmeier, A. (Hrsg.): Handbuch der Berufsbildung. Opladen 1995, S. 157-169.

Pohl, M.; Witt, J.:
Innovative Teamarbeit zwischen Konflikt und Kooperation. Arbeitshefte Führungspsychologie. Band 35. Heidelberg 2000.

Quernheim, G.:
Spielend anleiten. Hilfen zur praktischen Pflegeausbildung. München, Wien, Baltimore 1997.

Reime, B.; Tomaselli, S.:
Wohl und Weh der Schülerin. In: Deutsche Hebammenzeitschrift, 52. Jahrgang, Heft 6, 2000, S. 342-345.

Rogers, C. R.:
Entwicklung der Persönlichkeit. Psychotherapie aus der Sicht eines Therapeuten. 8. Auflage. Stuttgart 1991.

Rogers, C. R.:
Die klientenzentrierte Gesprächspsychotherapie. 14. Auflage. Frankfurt am Main 2000.

Rothgerber, P.:
Praktische Anleitung von Schülerinnen und Schülern der Krankenpflege- und Kinderkrankenpflege- sowie Hebammenschulen am Beispiel eines Großklinikums. In: Die Schwester/Der Pfleger, 30. Jahrgang, Heft 5, 1991, S. 454-456.

Rüller, H.; Schneider, K.:
Kleines Lexikon zur Lernortkooperation. In: Unterricht Pflege, 5. Jahrgang, Heft 3, 2000, S. 38-39.

Schaube, W.:
Begriffsklärungen, Grundlagen und Konkretionen. Handlungsorientierung als Prinzip berufspädagogischer Möglichkeiten. In: Schaube, W. (Hrsg.): Handlungsorientierung für Praktiker. Ein Unterrichtskonzept macht Schule. 2. Auflage. Darmstadt 1996, S. 17.

Schaube, W.:
Unterwegs zu einer handlungsorientierten Lehrerausbildung. In: Schaube, W. (Hrsg.): Handlungsorientierung für Praktiker. Ein Unterrichtskonzept macht Schule. 2. Auflage. Darmstadt 1996, S. 51-53.

Scherzer, R.:
Hebammen: Weise Frauen oder Technikerinnen? Zum Wandel eines Berufsbildes. 2. Auflage. Frankfurt am Main 1988.

Schirmer, U. B.:
Zufall oder Lehr- Lernergebnis? Studie über die Qualifikation der praktischen Ausbildung. In: Die Schwester/Der Pfleger, 32. Jahrgang, Heft 2, 1993, S. 143-150.

Schmid, B.:
Respekt statt Angst. Wohl und Weh der Schülerin, DHZ 6/2000. Leserbrief. In: Deutsche Hebammenzeitschrift, 52. Jahrgang, Heft 8, 2000, S. 476.

Schneider, A.:
Rechts- und Berufskunde für die Fachberufe im Gesundheitswesen. Handbuch für Unterricht und Praxis. 5. Auflage. Berlin, Heidelberg, New York 1998.

Schneider, K.:
Lernortkooperation – eine Frage der Qualität. In: Unterricht Pflege, 5. Jahrgang, Heft 3, 2000, S. 2-20.

Schulz von Thun, F.:
Miteinander Reden 1. Störungen und Klärungen. Reinbek 1994.

Schulz von Thun, F.:
Miteinander Reden 3. Das „innere Team" und situationsgerechte Kommunikation. Reinbek 2000.

Siebert, H.:
Lernen als Konstruktion von Lebenswelten. Entwurf einer konstruktivistischen Didaktik. Frankfurt am Main 1994.

Siebert, H.:
Bildungsarbeit konstruktivistisch betrachtet. Frankfurt am Main 1996.

Sloane, P.:
Lebenslanges Lernen. Die notwendige Neubestimmung des Verhältnisses von Ausbildung und Weiterbildung in der Wissens- und Informationsgesellschaft. In: berufsbildung, Heft 53, 1998, S. 3-6.

Sloane, P.:
Situationen gestalten. Von der Planung des Lehrens zur Ermöglichung des Lernens. Markt Schwaben 1999.

Snowley, G. D.; Nicklin, P. J.; Birch, J. A.:
Pflegestandards und Pflegeprozeß. Grundlagen pflegerischer Qualitätssicherung. Hrsg.: E. Kellnhauser. 2. Auflage. Wiesbaden 1998.

Staschek, B.:
Tutorinnenkurse für Kreißsaalhebammen, die mit Schülerinnen arbeiten. In: Deutsche Hebammenzeitschrift, 43. Jahrgang, Heft 3, 1991, S. 108-109.

Stroebe, R.:
Kommunikation I. Grundlagen - Gerüchte - Schriftliche Kommunikation. Arbeitshefte Führungspsychologie. Band 5. 4. Auflage. Heidelberg 1991.

Süß, M.:
Gestaltung der praktischen Ausbildung in den Pflegeberufen. Handbuch für Ausbildende in der Krankenpflege, Kinderkrankenpflege und Altenpflege. 2. Auflage. Hagen 1996.

Tausch, R.; Tausch, A.-M.:
Erziehungs-Psychologie. Begegnung von Person zu Person. 10. Auflage. Göttingen 1991.

Töpfer, A.; Mann, A.:
Kundenzufriedenheit als Meßlatte für den Erfolg. In: Töpfer, A. (Hrsg.): Kundenzufriedenheit messen und steigern. 2. Auflage. Neuwied, Kriftel 1999, S. 59-110.

Vester, F.:
Denken, Lernen, Vergessen. Was geht in unserem Kopf vor, wie lernt das Gehirn, und wann lässt es uns im Stich? 28. Auflage. München 2001.

Volpert, W.:
Psychologische Handlungstheorie – Anmerkungen zu Stand und Perspektive. In: Volpert, W. (Hrsg.): Beiträge zur psychologischen Handlungstheorie. Bern, Stuttgart, Wien 1980, S. 13- 27.

Volpert, W.:
Wie wir handeln – was wir können. Ein Disput als Einführung in die Handlungspsychologie. Heidelberg 1992.

von Eiff, W.:
Führung und Motivation in Krankenhäusern. Perspektiven und Empfehlungen für Personalmanagement und Organisation. Stuttgart, Berlin, Köln 2000.

von Stösser, A.:
Pflegestandards. Erneuerung der Pflege durch Veränderung der Standards. 3. Auflage. Berlin, Heidelberg, New York 1994.

Vopel, K. W.:
Interaktionsspiele Teil 1. 7. Auflage. Lebendiges Lernen und Lehren. Band 1. Salzhausen 1992.

Vopel, K. W.:
Interaktionsspiele Teil 2. 7. Auflage. Lebendiges Lernen und Lehren. Band 2. Salzhausen 1992.

Watzlawick, P.; Beavin, J. H.; Jackson, D. D.:
Menschliche Kommunikation. Formen, Störungen, Paradoxien. 10. Auflage. Bern, Göttingen, Toronto, Seattle 2000.

Weiß, M. u.a.:
Informationsschrift Bund Deutscher Hebammen. Karlsruhe 1994.

Weiß, M.:
Spielräume und/oder Wandlungsmöglichkeiten in der klinischen Hebammentätigkeit. Perspektiven für die Zukunft. In: Deutsche Hebammenzeitschrift, 51. Jahrgang, Heft 6, 1999, S. 305-306.

WHO Expert Group:
WHO European Strategy for Nursing and Midwifery Education for All. Report on a WHO Expert Group Meeting. Madrid 1997.
http://www.who.dk/document/e58455.pdf (12.04.2001).

Witte, A.:
Anleitungskompetenz der Hebammen im Kreißsaal. In: Deutsche Hebammenzeitschrift, 44. Jahrgang, Heft 4, 1992, S. 143-144.

Wittwer, W.:
Die Aus- und Weiterbildner in außerschulischen Lernprozessen. In: Arnold, R.; Lipsmeier, A. (Hrsg.): Handbuch der Berufsbildung. Opladen 1995, S. 334-342.

Wolber, E.:
Die Zukunft der Hebammenausbildung. Bundestagung der Lehrerinnen für Hebammenwesen. In: Hebammenforum, 3. Jahrgang, Heft 4, 2002, S. 221-224.

Wolff, K.:
Handlungsorientierter Unterricht. In: Schaube, W. (Hrsg.): Handlungsorientierung für Praktiker. Ein Unterrichtskonzept macht Schule. 2. Auflage. Darmstadt 1996, S. 17-19.

Wottawa, H.; Thierau, H.:
Lehrbuch Evaluation. 2. Auflage. Bern, Göttingen, Toronto, Seattle 1998.

Zoege, M.:
Bestandsaufnahme der qualitativen und äußeren Rahmenbedingungen der Hebammenausbildung in Deutschland. Eine Befragung der Hebammenschulen im Auftrag der Hebammengemeinschaftshilfe. Hannover 1997.

Zoege, M.:
Hebammenausbildung. Eine empirische Bestandsaufnahme der heutigen Situation des Lehrens und Lernens an deutschen Hebammenschulen. In: Deutsche Hebammenzeitschrift, 50. Jahrgang, Heft 2, 1998, S. 54-64.

Hilfsmittel:

Bertelsmann:
Die deutsche Rechtschreibung. Gütersloh, München 2000.

Duden:
Das Fremdwörterbuch. Band 5. 6. Auflage. Mannheim, Wien, Zürich 1997.

Microsoft Office:
Cliparts aus Microsoft Office 2000 Professional.

Poser, M.:
„Lernen lernen". Seminarprogramm „Einführung in das wissenschaftliche Arbeiten". Unveröffentlichtes Script. Fachbereich Pflege. Fachhochschule Münster. Münster 2000.

Rückriem, G.; Stary, J.; Franck, N.:
Die Technik wissenschaftlichen Arbeitens. 9. Auflage. Paderborn, München, Wien, Zürich 1995.

Anhang

A.1 Richtlinie 80/155 EWG

Aus: Kurtenbach, H.; Horschitz, H.:

Hebammengesetz. Gesetz über den Beruf der Hebamme und des Entbindungspflegers vom 4. Juni 1985 mit den Richtlinien der Europäischen Gemeinschaft und der Ausbildungs- und Prüfungsordnung für Hebammen mit Erläuterungen. 2. Auflage. Hannover 1994.

Zu §10

Abs. 1 enthält die Ermächtigung für das Bundesministerium für Gesundheit, eine Ausbildungs- und Prüfungsverordnung für Hebammen und Entbindungspfleger zu erlassen. Bei der Festlegung der Mindestanforderungen an die Ausbildung sind die Ausbildungsvoraussetzungen der Richtlinie 80/155/EWG zu berücksichtigen. Vor allem sind hier für den Verordnungsgeber die Ausbildungsinhalte, Tätigkeiten und Aufgaben maßgebend, die in Artikel 4 der Richtlinie vorgegeben sind. Dieser Artikel umfaßt gleichzeitig die Aufgaben und Tätigkeiten, zu denen Hebammen und Entbindungspfleger bei der Ausübung ihres Berufs selbständig berechtigt sind. Da der Bundesgesetzgeber lediglich den Zugang zum Beruf (Zugangsvoraussetzung und Ausbildung) regeln kann (Artikel 74 Nr. 19 GG), ist es Sache der Länder, bei der Regelung der Berufsausübung sicherzustellen, daß die in Artikel 4 der Richtlinie aufgeführten Tätigkeiten und Aufgaben in der Kompetenz der Hebammen und der Entbindungspfleger liegen. Artikel 4 hat folgenden Wortlaut:

„Artikel 4

Die Mitgliedstaaten tragen dafür Sorge, daß Hebammen im Sinne dieser Richtlinie mindestens befugt sind, die folgenden Tätigkeiten und Aufgaben in eigener Verantwortung durchzuführen:

1. Angemessene Aufklärung und Beratung in Fragen der Familienplanung;
2. Feststellung der Schwangerschaft und Beobachtung der normal verlaufenden Schwangerschaft, Durchführung der zur Beobachtung des Verlaufs einer normalen Schwangerschaft notwendigen Untersuchungen;
3. Verschreibung der Untersuchungen, die für eine möglichst frühzeitige Feststellung einer Risikoschwangerschaft notwendig sind, oder Aufklärung über diese Untersuchungen;
4. Vorbereitung auf die Elternschaft, umfassende Vorbereitung auf die Niederkunft einschließlich Beratung in Fragen der Hygiene und Ernährung;
5. Betreuung der Gebärenden während der Geburt und Überwachung des Fötus in der Gebärmutter mit Hilfe geeigneter klinischer und technischer Mittel;
6. Durchführung von Normalgeburten bei Kopflage einschließlich - sofern erforderlich - des Scheidendammschnitts sowie im Dringlichkeitsfall von Steißgeburten;
7. Erkennen der Anzeichen von Anomalien bei der Mutter oder beim Kind, die das Eingreifen eines Arztes erforderlich machen, sowie Hilfeleistung bei etwaigen ärztlichen Maßnahmen; Ergreifen der notwendigen Maßnahmen bei Abwesenheit des Arztes, insbesondere manuelle Ablösung der Plazenta, woran sich gegebenenfalls eine manuelle Nachuntersuchung der Gebärmutter anschließt;
8. Untersuchung und Pflege des Neugeborenen; Einleitung und Durchführung der erforderlichen Maßnahmen in Notfällen und, wenn erforderlich, Durchführung der sofortigen Wiederbelebung des Neugeborenen;
9. Pflege der Wöchnerin, Überwachung des Zustandes der Mutter nach der Niederkunft und Erteilung zweckdienlicher Ratschläge für die bestmögliche Pflege des Neugeborenen;
10. Durchführung der vom Arzt verordneten Behandlung;
11. Abfassen der erforderlichen schriftlichen Berichte."

A.2 Auszug aus der HebAPrV

Aus: Kurtenbach, H.; Horschitz, H.:

Hebammengesetz. Gesetz über den Beruf der Hebamme und des Entbindungspflegers vom 4. Juni 1985 mit den Richtlinien der Europäischen Gemeinschaft und der Ausbildungs- und Prüfungsordnung für Hebammen mit Erläuterungen. 2. Auflage. Hannover 1994.

§ 18 (Inkrafttreten)

Anlage 1

(zu § 1 Abs. 1)

Theoretischer und praktischer Unterricht

Erstes Jahr der Ausbildung

1 Berufs-, Gesetzes- und Staatsbürgerkunde (70 Stunden)

1.1 Hebammengesetz, Geschichte des Berufs
1.2 Gesetzliche Regelungen für die übrigen Berufe des Gesundheitswesens
1.3 Arbeitsschutz und Unfallverhütung
1.4 Das Gesundheitswesen in der Bundesrepublik Deutschland und internationale Zusammenarbeit im Gesundheitswesen
1.5 Strafrechtliche, bürgerlich-rechtliche und öffentlich-rechtliche Vorschriften, die bei der Berufsausübung von Bedeutung sind
1.6 Die Grundlagen der staatlichen Ordnung in der Bundesrepublik Deutschland

2 Gesundheitslehre (60 Stunden)

2.1 Die Gesundheit und ihre Wechselbeziehungen
2.2 Gesundheitserziehung, Gesundheitsvorsorge, Früherkennung von Krankheiten
2.3 Allgemeine Ernährungslehre

3 Hygiene und Grundlagen der Mikrobiologie (60 Stunden)

3.1 Allgemeine Hygiene und Umweltschutz
3.2 Bakteriologie, Virologie und Parasitologie
3.3 Verhütung und Bekämpfung von Krankenhausinfektionen

4 Grundlagen für die Hebammentätigkeiten (160 Stunden)

4.1 Einführung in die Tätigkeiten und Aufgaben der Hebamme in der geburtshilflichen Abteilung eines Krankenhauses, in der freien Praxis und in Einrichtungen der Schwangeren-, Mütter- und Säuglingsberatung
4.2 Geburtshilfliche Propädeutik, Grundlagen der Betreuung von Schwangeren, Gebärenden, Wöchnerinnen und Neugeborenen und der Pflegetätigkeiten
4.2.1 Umgang mit Patientinnen und deren Betreuung unter Berücksichtigung ihrer physischen und psychosozialen Bedürfnisse
4.2.2 Umgang mit Angehörigen und Besuchern von Patientinnen
4.2.3 Beobachten der Patientin
4.2.4 Grundpflege und Pflegemaßnahmen
4.2.5 Einführung in die spezielle Pflege in der Allgemeinen Medizin und in der Allgemeinen Chirurgie
4.2.6 Umgang mit medizinischen Geräten und Instrumenten
4.3 Einführung in die Tätigkeiten und Aufgaben der Krankenschwester, des Krankenpflegers und der Kinderkrankenschwester im Krankenhaus, im teilstationären Bereich, in sonstigen Pflegeeinrichtungen, in der Gemeindekrankenpflege, im Hause des Kranken und in einer Gemeindepflege- oder Sozialstation, in Einrichtungen der Mütter-, Säuglings- und Kinderberatung sowie in Tagesstätten für behinderte Kinder
4.4 Zusammenarbeit im Krankenhaus und sonstigen Pflegeeinrichtungen

5 Grundlagen der Psychologie, Soziologie und Pädagogik (50 Stunden)
5.1 Psychologie
5.1.1 Entwicklungspsychologie
5.1.2 Persönlichkeitspsychologie
5.1.3 Lernpsychologie einschließlich Methodik und Praxis der geistigen Arbeit
5.2 Soziologie
5.2.1 Soziologie der Gruppen
5.2.2 Soziales Lernen
5.3 Pädagogik
5.3.1 Anthropologische Grundlagen der Erziehung
5.3.2 Erziehungsziele

6 Biologie, Anatomie und Physiologie (120 Stunden)
6.1 Zelle und Gewebe
6.2 Fortpflanzung, Wachstum, Reifung
6.3 Vererbung und Evolution
6.4 Bewegungsapparat
6.5 Herz- und Gefäßsystem
6.6 Blut und Lymphe
6.7 Atmungssystem
6.8 Verdauungssystem
6.9 Endokrines System
6.10 Harnsystem
6.11 Genitalsystem
6.12 Zentrales und peripheres Nervensystem
6.13 Sinnesorgane
6.14 Haut- und Hautanhangsorgane
6.15 Regulationsvorgänge

7 Allgemeine Krankheitslehre (40 Stunden)
7.1 Krankheit und Krankheitsursachen
7.2 Reaktionen
7.3 Re- und Degeneration, Sklerose
7.4 Atrophie, Hypertrophie und Nekrose
7.5 Thrombose, Embolie, Infarkt
7.6 Wunden, Wundheilung
7.7 Blutungen
7.8 Neubildungen

8 Allgemeine Arzneimittellehre (20 Stunden)
8.1 Herkunft und Bedeutung der Arzneimittel
8.2 Kennzeichnung und Aufbewahrung von Arzneimitteln in Arzneimittelschränken
8.3 Arzneiformen
8.4 Berechnung zur Dosisfindung, Dosierung und Verabreichung von Arzneimitteln
8.5 Darreichungsformen
8.6 Übersicht über Arzneimittelgruppen

9 Erste Hilfe (30 Stunden)
9.1 Erstversorgung von Notfällen einschließlich Blutstillung und Wiederbelebung
9.2 Herstellung der Transportfähigkeit
9.3 Aktive Transportbegleitung
9.4 Maßnahmen bei Traumatisierung
9.5 Maßnahmen bei Intoxikationen
9.6 Maßnahmen bei sonstigen Notfällen wie thermische Einwirkungen einschließlich Verbrennungsverletzungen und Einwirkung von elektrischem Strom, Ersticken

10 Einführung in Planung und Organisation im Krankenhaus (20 Stunden)
10.1 Rechts- und Organisationsformen sowie Trägerschaften von Krankenhäusern
10.2 Betrieb von Krankenhäusern
10.2.1 Leistungsbereiche

10.2.2 Pflegesysteme
10.3 Schriftverkehr, Karteiführung, Formulare
10.4 Umgang mit Wirtschaftsgütern

11 Fachbezogene Physik (30 Stunden)
11.1 Mechanik in Medizin und Pflege
11.2 Wärmelehre
11.3 Akustik
11.4 Optik
11.5 Elektrizität
11.6 Radiologie

12 Fachbezogene Chemie (30 Stunden)
12.1 Allgemeine und anorganische Chemie
12.2 Organische und physiologische Chemie

13 Sprache und Schrifttum (30 Stunden)
13.1 Vortrag und Diskussion
13.2 Mündliche und schriftliche Berichterstattung
13.3 Benutzung und Auswertung deutscher und fremdsprachlicher Fachliteratur
13.4 Einführung in fachbezogene Terminologien

Zweites und drittes Jahr der Ausbildung

1 Berufs-, Gesetzes- und Staatsbürgerkunde (60 Stunden)
1.1 Berufskunde und Ethik
1.2 Aktuelle Berufsfragen
1.3 Strafrechtliche, bürgerlich-rechtliche und öffentlich-rechtliche Vorschriften, die bei der Berufsausübung von Bedeutung sind, Rechtsstellung des Patienten oder seiner Sorgeberechtigten
1.4 Einführung in das Krankenhaus-, Seuchen-, Strahlenschutz-, Arznei- und Betäubungsmittelrecht sowie das Lebensmittelrecht
1.5 Arbeits- und berufsrechtliche Regelungen, soweit sie für die Berufsausübung von Wichtigkeit sind
1.6 Unfallverhütung, Mutterschutz, Arbeitsschutz, Jugendhilfe, Jugendschutz
1.7 Sozialpolitik einschließlich Einführung in die Systeme der sozialen Sicherung (Sozialversicherung, Sozialhilfe, Sozialstaatsangebote in der praktischen Realisierung)
1.8 Politische Meinungsbildung, politisches Handeln, aktuelle politische Fragen
1.9 Wirtschaftsordnungen

2 Menschliche Fortpflanzung, Schwangerschaft, Geburt und Wochenbett (120 Stunden)
2.1 Grundlagen der menschlichen Fortpflanzung
2.1.1 Anatomie und Physiologie der männlichen und der weiblichen Genitalien
2.1.2 Psychosexuelle Entwicklung und Sexualverhalten des Menschen
2.1.3 Voraussetzungen für die Empfängnis
2.1.4 Familienplanung
2.2 Die regelrechte Schwangerschaft
2.2.1 Konzeption, Nidation und Schwangerschaftsdauer
2.2.2 Schwangerschaftszeichen, Schwangerschaftstests
2.2.3 Veränderungen des weiblichen Organismus durch die Schwangerschaft
2.2.4 Intrauterine Entwicklung des Feten
2.2.5 Entwicklung der Plazenta, der Nabelschnur, der Eihäute und des Fruchtwassers
2.3 Die regelrechte Geburt
2.3.1 Wehenphysiologie
2.3.2 Kindslagen
2.3.3 Geburtsphasen
2.4 Das regelrechte Wochenbett
2.5 Das gesunde Neugeborene
2.5.1 Lebens- und Reifezeichen
2.5.2 Anpassungsvorgänge
2.6 Die regelwidrige Schwangerschaft
2.6.1 Embryo- und Fetopathien
2.6.2 Frühgestosen und EPH-Syndrom

2.6.3 Erkrankungen in der Schwangerschaft
2.6.4 Blutgruppenunverträglichkeit
2.6.4 Diabetes
2.6.6 Blutungen in der Frühschwangerschaft
2.6.7 Blutungen in der Spätschwangerschaft
2.6.8 Regelwidrige Dauer der Schwangerschaft, Frühgeburt, Übertragung
2.6.9 Mehrlingsschwangerschaft
2.6.10 Risikoschwangerschaft, Plazentainsuffizienz
2.7 Die regelwidrige Geburt
2.7.1 Regelwidrigkeiten der Wehen und der Muttermundöffnung
2.7.2 Regelwidrigkeiten des Geburtsmechanismus, insbesondere bei Anomalien der Haltung, der Lage, der Stellung und Einstellung oder der Poleinstellung des Kindes
2.7.3 Regelwidrigkeiten der Geburtswege
2.7.4 Weitere unter der Geburt auftretende Regelwidrigkeiten, insbesondere Nabelschnurvorfall, Placenta praevia, vorzeitige Lösung der normal sitzenden Plazenta, Blutgerinnungsstörungen, Uterusruptur
2.7.5 Regelwidrigkeiten der Nachgeburtsperiode
2.8 Das regelwidrige Wochenbett
2.8.1 Rückbildungsstörungen
2.8.2 Blutungen
2.8.3 Infektionen
2.8.4 Thrombosen und Embolien
2.8.5 Mastitis
2.8.6 Wochenbettpsychose

3 Praktische Geburtshilfe (150 Stunden)

3.1 Vorbereitung für die Geburt
3.2 Maßnahmen bei der regelrechten Geburt
3.2.1 Allgemeine und geburtshilfliche Aufnahmeuntersuchung
3.2.2 Lagerung und Betreuung der Gebärenden
3.2.3 Überwachung des Geburtsverlaufs
3.2.4 Schmerzlinderung unter der Geburt, geburtshilfliche Anästhesie-Methoden und ihre Komplikationen
3.2.5 Überwachung der Risikogeburt, apparative Überwachung, Blutgasanalyse
3.2.6 Dammschutz
3.2.7 Entwickeln des Kindes
3.2.8 Absaugen der Atemwege, Kennzeichnen des Kindes, Abnabeln, Ermittlung der Apgar-Werte
3.2.9 Leitung der Nachgeburtsperiode, Prüfung der Plazenta auf Vollständigkeit
3.2.10 Dokumentation des Geburtsvorganges
3.3 Geburtshilfliche Eingriffe
3.3.1 Dammschnitte
3.3.2 Vaginale Entwicklung der Beckenendlage
3.3.4 Vakuum- und Zangenextraktion
3.3.5 Manuelle Plazentalösung, manuelle und instrumentelle Austastung des puerperalen Uterus
3.4 Erstversorgung der Wöchnerin
3.5 Versorgung des Neugeborenen

4 Pflege, Wartung und Anwendung geburtshilflicher Apparate und Instrumente (30 Stunden)

4.1 Cardiotokographie-Geräte
4.2 Ultraschall-Geräte
4.3 Reanimations-Geräte
4.4 Narkose-Geräte
4.5 Spezial-Instrumentarium

5 Schwangerenbetreuung (80 Stunden)

5.1 Schwangeren-Vorsorge
5.1.1 Erhebung der Anamnese
5.1.2 Untersuchungen der Schwangeren
5.1.3 Beratung der Schwangeren
5.2 Psychosomatische Geburtsvorbereitung mit Übungsverfahren
5.3 Hilfe bei Schwangerschaftsbeschwerden

5.4 Besondere Überwachung bei Risikoschwangerschaften

6 Wochenpflege (50 Stunden)

6.1 Hygienische Beratung und pflegerische Betreuung der Wöchnerinnen im regelrechten und regelwidrigen Wochenbett
6.2 Beobachten und Überwachen der Rückbildungs- und Heilungsvorgänge
6.3 Hilfe beim Erlernen der Stilltechnik und Brustpflege
6.4 Hilfe bei ärztlichen Maßnahmen
6.5 Wochenbettgymnastik
6.6 Förderung der Eltern-Kind-Beziehung, Integration des Neugeborenen in die Familie
6.7 Häusliche Wochen- und Neugeborenenpflege

7 Neugeborenen- und Säuglingspflege (50 Stunden)

7.1 Körper- und Nabelpflege
7.2 Natürliche und künstliche Ernährung
7.3 Beobachten des Neugeborenen und des Säuglings und Einleiten der erforderlichen Maßnahmen bei Auftreten von Besonderheiten
7.4 Neugeborenen-Screening
7.5 Schutzimpfungen, Vorsorgeuntersuchung
7.6 Hilfe bei ärztlichen Maßnahmen
7.7 Umgang mit den Eltern und anderen Betreuern des Neugeborenen und deren Beratung, Elternschulung

8 Allgemeine Krankenpflege (50 Stunden)

8.1 Umgang mit Patientinnen unter Berücksichtigung ihrer physischen und psychischen Bedürfnisse
8.2 Aufnahme, Verlegung und Entlassung von Patientinnen
8.3 Kontakt mit den Angehörigen der Patientin
8.4 Beobachtung der Patientin, Befunderhebung und Dokumentation
8.5 Hilfen bei den Verrichtungen des täglichen Lebens
8.6 Diätetische Kostformen und künstliche Ernährung
8.7 Besondere Pflegetechniken, physikalische Maßnahmen, Injektionen, Venenpunktionen, Infusionen, Transfusionen, Spülungen einschließlich Einläufe und Katheterisieren
8.8 Zusammenarbeit mit Ärzten und anderen Mitgliedern des Behandlungsteams
8.9 Umgang mit Untersuchungsmaterial

9 Spezielle Krankenpflege (50 Stunden)

9.1 Pflege und Sofortmaßnahmen bei Bewußtseinsstörungen und Bewußtlosigkeit, bei Ateminsuffizienz oder Atemstillstand, bei Herz- und Kreislaufinsuffizienz oder Herzstillstand, bei Störungen der Ausscheidefunktionen, bei Störungen der Temperaturregulation, bei Psychosen und bei Suizidgefährdung
9.2 Pflege von Patientinnen vor und nach operativen Eingriffen
9.3 Verhalten bei Todesfällen
9.4 Tätigkeiten in besonderen Bereichen wie in Frühgeborenenzentren und in der Intensivstation, im Operations- und Ambulanzbereich sowie in Gemeindepflege- oder Sozialstationen

10 Grundlagen der Psychologie, Soziologie und Pädagogik (40 Stunden)

10.1 Psychologie der Schwangeren, der Gebärenden und der Wöchnerin
10.2 Sozialpsychologie
10.2.1 Einführung in die Gruppendynamik
10.2.2 Abbau von Vorurteilen
10.3 Pädagogik, Menschenführung

11 Grundlagen der Rehabilitation (20 Stunden)

11.1 Die medizinische Rehabilitation
11.2 Die soziale Rehabilitation
11.3 Gesetzliche Grundlagen der Rehabilitation

12 Spezielle Krankheitslehre (120 Stunden)

12.1 Frauenheilkunde
12.1.1 Störungen der Menstruation und des Menstruationszyklus
12.1.2 Mißbildungen des weiblichen Genitale
12.1.3 Entzündliche Erkrankung des weiblichen Genitale

12.1.4 Tumoren einschließlich Früherkennungsmaßnahmen
12.2 Übrige Fachgebiete, insbesondere Innere Medizin, Chirurgie, Orthopädie, Urologie, Neurologie, Psychiatrie, Haut- und Geschlechtskrankheiten, Hals-, Nasen- und Ohrenkrankheiten in ihrer besonderen Beziehung zur Geburtshilfe
12.3 Kinderheilkunde unter besonderer Berücksichtigung der Erkrankungen im Neugeborenen- und Säuglingsalter
12.4 Vorsorgeuntersuchungen
12.5 Mütter-, Neugeborenen- und Säuglingssterblichkeit

13 Spezielle Arzneimittellehre (30 Stunden)
13.1 Umgang mit Arzneimitteln
13.2 Grundbegriffe der Pharmakologie
13.3 Arzneimittelgruppen
13.4 Betäubungsmittel
13.5 Gesetzliche Vorschriften über den Verkehr mit Arznei- und Betäubungsmitteln sowie Führen des Betäubungsmittelbuches

14 Organisation und Dokumentation im Krankenhaus (30 Stunden)
14.1 Planung, Bau und Ausstattung von Krankenhäusern
14.2 Wirtschaftliche Betriebsführung
14.3 Erfassung und Weitergabe von Leistungsdaten
14.4 Statistik im Gesundheitswesen
14.5 Elektronische Datenverarbeitung

Anlage 2 **Praktische Ausbildung**
Erstes Jahr der praktischen Ausbildung

1 Praktische Ausbildung in der Entbindungsabteilung (160 Stunden)
1.1 Pflegemaßnahmen bei Gebärenden
1.2 Beobachtungen der Gebärenden
1.3 Hygiene im Kreißsaal
1.4 Umgang mit medizinischen Geräten und Instrumenten

2 Auf der Wochenstation (160 Stunden)
2.1 Pflegemaßnahmen bei Wöchnerinnen
2.2 Spezielle Wochenpflege wie Beobachten der Lochien, Abspülen, Pflege der Dammwunde, Sitzbad
2.3 Spezielle Desinfektionsmaßnahmen der Wochenstation
2.4 Umgang mit der Wöchnerin und Besuchern

3 Auf der Neugeborenenstation (160 Stunden)
3.1 Grundlagen der Betreuung des Neugeborenen und der Pflegetätigkeiten
3.1.1 Richten der Wickel- und Badeeinheiten und der Säuglingsbetten
3.1.2 Aufnehmen und Tragen, Lagern, Waschen und Baden sowie Wickeln und Ankleiden des Säuglings
3.1.3 Bringen und Anlegen, Wiegen und Füttern des Säuglings
3.2 Hygiene und Ordnung auf der Neugeborenenstation

4 Auf der operativen Station (160 Stunden) (chirurgische Pflege)
4.1 Pflegemaßnahmen auf der operativen Station
4.1.1 Körperpflege und Bekleiden der Patientin
4.1.2 Betten, Lagern und Transportieren der Patientin
4.1.3 Hilfen bei den Verrichtungen des täglichen Lebens
4.1.4 Ermitteln und Registrieren von Vitalfunktionen
4.2 Hygiene und Ordnung im Pflegebereich
4.3 Maßnahmen für die Operationsvorbereitung
4.4 Postoperative Überwachung der Patientin
4.5 Vorbeugende Pflegemaßnahmen gegen Folgekrankheiten

5 Auf der nicht-operativen Station (160 Stunden) (allgemeine Pflegemaßnahmen)
5.1 Pflegemaßnahmen auf der nicht-operativen Station wie 4.1.1
5.2 Hygiene und Ordnung im Pflegebereich

Zweites und drittes Jahr der praktischen Ausbildung

1 Praktische Ausbildung in der Entbindungsabteilung und in der Schwangerenberatung (1280 Stunden)

1.1 Schwangerenberatung mit mindestens 100 Untersuchungen vor der Geburt
1.2 Überwachung von Mutter und Kind bei Risikoschwangerschaften (einschließlich Nr. 1.9 und 2.1.3 in mindestens 40 Fällen) und Assistenz bei ärztlichen Maßnahmen
1.3 Vorbereitungen für die Geburt
1.4 Geburtshilfliche Maßnahmen im Kreißsaal
1.5 Überwachung und Pflege von mindestens 40 Gebärenden und selbständige Ausführung von mindestens 30 Entbindungen sowie außerdem Teilnahme an 20 Entbindungen
1.6 Überwachung und Pflege von Schwangeren mit Regelwidrigkeiten bei der Aufnahme oder während des Geburtsverlaufes
1.7 Vorbereitung von und Assistenz bei geburtshilflichen Eingriffen und Risikofällen sowie aktive Teilnahme an mindestens einer Beckenendlagengeburt
1.8 Durchführung der Episiotomie und Einführung in die Versorgung der Wunde
1.9 Überwachung und Pflege von gefährdeten Entbindenden (einschließlich Nr. 1.2 und 2.1.3 in mindestens 40 Fällen)
1.10 Verhalten bei kindlichem Todesfall
1.11 Organisation des Hebammendienstes

2 Auf der Wochenstation (320 Stunden)

2.1 Wochenpflege
2.1.1 Überwachung und Pflege von Wöchnerinnen
2.1.2 Untersuchungen von mindestens 100 Wöchnerinnen und normalen Neugeborenen
2.1.3 Überwachung und Pflege von gefährdeten Wöchnerinnen (einschließlich Nr. 1.2 und 1.9 in mindestens 40 Fällen)
2.1.4 Beobachten und Überwachen der Rückbildungs- und Heilungsvorgänge
2.1.5 Hilfe bei ärztlichen Maßnahmen
2.2 Rooming-in
2.2.1 Anleitung und Überwachung des Stillens
2.2.2 Anleitung der Mutter zur eigenen Pflege und zur Pflege und Versorgung des Neugeborenen
2.2.3 Förderung der Eltern-Kind-Beziehung

3 Auf der Neugeborenen-Station (320 Stunden)

3.1 Überwachung und Pflege von Neugeborenen und Säuglingen
3.1.1 Körper-und Nabelpflege
3.1.2 Natürliche und künstliche Ernährung
3.1.3 Beobachten des Neugeborenen und des Säuglings und Einleiten der erforderlichen Maßnahmen beim Auftreten von Veränderungen
3.2 Früherkennung von Erkrankungen
3.2.1 Durchführen von Vorsorgeuntersuchungen wie Guthrie-Test, Bilirubinkontrolle oder andere wissenschaftlich anerkannte Verfahren
3.2.2 Hilfeleistung bei ärztlichen Maßnahmen einschließlich Impfungen
3.2.3 Umgang mit den Eltern und deren Beratung
3.3 Teilnahme an Mütterberatungssprechstunden

4 In der Kinderklinik (160 Stunden)

4.1 Überwachung und Pflege von Frühgeborenen, Spätgeborenen sowie von untergewichtigen und kranken Neugeborenen
4.2 Pflegemaßnahmen auf der Intensivstation
4.3 Tätigkeit auf der Aufnahmestation für kranke Neugeborene und Säuglinge

Die praktische Ausbildung in den Bereichen 1 bis 4 hat sich, soweit dort nicht bereits erfaßt, auch auf

a) die Pflege Kranker innerhalb der Gynäkologie und Geburtshilfe sowie die Pflege kranker Neugeborener und Säuglinge und

b) die Einführung in die Pflege innerhalb der Inneren Medizin und Chirurgie

zu erstrecken.

5 Im Operationssaal (120 Stunden)
5.1 Maßnahmen der Desinfektion und Sterilisation
5.2 Pflege und Reinigung von Instrumenten und Narkosegeräten und deren Wartung
5.3 Vorbereitung von und Hilfeleistung bei operativen Eingriffen

A.3 Hebammenschulen in Deutschland

Quelle: www.bdh.de; Link: „Ausbildung“ (03.04.01)
Stand: Februar 01

Stadt	Adresse	Ausbildungsplätze
Aachen	Hebammenschule Luisenhospital, Boxgraben 99, 52064 Aachen, Telefon (0241) 414 23 70	30 in 2 Kursen
Ahlen	Hebammenschule am St. Franziskus-Hospital, Robert-Koch-Strasse 41, 59227 Ahlen, Telefon (02382) 85 87 48	32 in 2 Kursen
Aschaffenburg	Berufsfachschule für Hebammen, Am Hasenkopf 1, 63739 Aschaffenburg, Telefon (06021) 32-22 30/22 31	16 in je 1 Kurs
Augsburg	Berufsfachschule für Hebammen und Entbindungspfleger des Krankenhauszweckverbandes Augsburg, Stenglinstrasse 2, 86156 Augsburg	48 in 3 Kursen
Bamberg	Berufsfachschule für Hebammen am Klinikum Bamberg, Buger Str.80, 96049 Bamberg, Telefon: (0951) 503-1601 oder –1640; Fax: (0951) 503-1605	16 in einem Kurs
Bensberg	Hebammenschule am Vinzenz Pallotti Hospital, 51429 Bergisch Gladbach, Telefon (02204) 41-537/538	30 in 2 Kursen
Berlin	Schulzentrum für Medizinalfachberufe, Schule für Hebammenwesen an der Charite (medizinische Fakultät der Humboldt-Unversität), Schumannstrasse 20/21, 10117 Berlin, Telefon (030) 2802 3034/3850;Fax (030) 2802 3042	20
Berlin	Hebammenschule am Krankenhaus Neukölln, Mariendorfer Weg 28, 12051 Berlin, Telefon (030) 6004-8161/8142, Fax. (030) 6004-8165	60 in 3 Lehrgängen
Bochum	Hebammenschule am St. Elisabeth-Hospital GmbH, Günnigfelder Strasse 176, 44793 Bochum, Telefon (0234) 52 40 80	60 in 3 Kursen
Bonn	Hebammenschule an der Universitätsfrauenklinik, Sigmund-Freud-Strasse 25, 53105 Bonn, Telefon (0228) 287-5448	30 in 2 Kursen
Braunschweig	Hebammenlehranstalt am Städt. Klinikum, Celler Strasse 38/40, 38114 Braunschweig, Telefon (0531) 595-3336, Telefax (0531) 595-3643	24 in 2 Kursen
Bremerhaven	Staatl. anerkannte Schule für Hebammen und Entbindungspfleger des Zentralkrankenhauses Reinkenheide in Kooperation mit der Angestelltenkammer Bremen, Hafenstrasse 126/128, 27576 Bremerhaven, Telefon (0471) 595 46	16 in 1 Kurs
Celle	Hebammenschule am Allgem. Krankenhaus Celle, Siemensplatz 4, 29223 Celle, Telefon (05141) 72 24 10	-
Chemnitz	Medizinische Berufsfachschule der Klinikum Chemnitz GmbH, Berganger 11, 09116 Chemnitz, Telefon (0371) 339 10 77 oder 33 32 21 53	-
Dresden	Medizinische Berufsfachschule am Universitätsklinikum Carl Gustav Carus der TU Dresden, Fetscherstrasse 74, 01307 Dresden, Telefon (0351) 458 24 23 (Sekretariat), Telefon (0351) 458 35 88 (Fachrichtung Hebammen)	-
Duisburg	Hebammenschule der Ev. Krankenhaus Bethesda zu Duisburg GmbH, Heerstrasse 219, 47053 Duisburg, Telefon (0203) 60 08-1806/1807	50 in 3 Kursen
Erfurt	Staatl. Berufsbildende Schule 6 für Gesundheit u. Soziales, Leipziger Strasse 15, 99085 Erfurt, Telefon (0361) 67 92-0	ca. 25 in einer Klasse
Erlangen	Staatl. Berufsfachschule für Hebammen an der Universität Erlangen-Nürnberg, Östliche Stadtmauer 10, 91054 Erlangen, Telefon (09131) 853-3529 od. 853-3530	60 in 3 Kursen
Freiburg	Hebammenschule an der Universitäts-Frauenklinik, Fehrenbachallee 8, 79106 Freiburg, Telefon (0761) 270-6425	36 in 3 Kursen

Stadt	Adresse	Ausbildungsplätze
Gießen	Hebammenschule am Universitätsklinikum, Klinikstrasse 32, 35392 Gießen, Telefon (0641) 99-45187, 45188, 45190; Telefax (0641) 99-45189	50 in 2 Kursen
Göttingen	Hebammenschule der Georg-August-Universität, Humboldtallee 11, 37073 Göttingen, Telefon (0551) 39 61 40	26 in 2 Kursen
Halle	Martin-Luther-Universität, Medizinische Fakultät, Medizinische Berufsfachschule, Hebammenschule, Voßstrasse 1, 06097 Halle, Telefon (0345) 557 2016	durchschnittlich 30
Hamburg	Bildungszentrum für Gesundheitsberufe(BZG) , Hebammenschule Hamburg, Eiffestr. 585, 20537 Hamburg , Tel.040/28 41 40 24	60 in 3 Kursen
Hameln	Hebammenschule des Landkreises Hameln-Pyrmont, Wilhelmstraße 3, 31785 Hameln, Telefon (05151) 97-1214/1332/1334	24 in 2 Kursen
Hannover	Hebammenschule der Landeshauptstadt Hannover, Herrenhäuser Kirchweg 5, 30167 Hannover, Telefon (0511) 970-3267/3269/3237	30 in 2 Kursen
Heidelberg	Hebammenschule der Ruprecht Karls Universität Heidelberg, Voßstrasse 9, 69115 Heidelberg, Telefon (06221) 56 78 66 u. 56 78 67; Fax. 56 53 68	45 in 3 Kursen
Hildesheim	Hebammenschule am St. Bernward-Krankenhaus, Treibestrasse 9, 31134 Hildesheim, Telefon (05121) 90 15 32 oder 90 15 29	15 in 1 Kurs
Homburg	Universitätskliniken des Saarlandes, Hebammenlehranstalt an der Universitäts-Frauenklinik und Poliklinik Homburg, Warburgring 78, Geb. 28, 66421 Homburg, Telefon (06841) 16-3710	41 in 2 Kursen
Ingolstadt	Medizinisches Schulzentrum Ingolstadt, Berufsfachschule für Hebammen des Krankenhauszweckverbandes Ingolstadt, Krumenauerstrasse 23, 85049 Ingolstadt, Telefon (0841) 880-1704; Telefax. (0841) 880-1081	-
Jena	Staatl. berufsbildende Schule für Gesundheit/Soziales, Leo-Sachs-Strasse 13, 07749 Jena, Telefon (03641) 133 11 85/88 und Telefax (03641) 33 11 89, Internet: www.mefa.uni-jena.de, E-mail: mefa-jena@t-online.de	18 in 2 Kursen
Karlsruhe	Hebammenschule Karlsruhe, Moltkestrasse 90, 76185 Karlsruhe, Telefon (0721) 974 75 25/26	39 in 3 Kursen
Kassel	Hebammenschule am Klinikum Kassel, Mönchebergstrasse 41/43, 34125 Kassel, Telefon (0561) 980 23 87 oder 980 23 81	18 in 1 Kurs
Kiel	Michaelis Hebammenschule und Frauenklinik an der CAU Kiel, Michaelisstrasse 16, 24105 Kiel, Telefon (0431) 597-2026	45 in 3 Kursen
Koblenz	Hebammenschule am Städt. Klinikum Kemperhof, Koblenzer Straße 161, 56065 Koblenz, Telefon 0261/499-28 18/28 19	45, maximal 12 je Kurs
Lahr	Hebammenschule, Kaiserstrasse 110, 77933 Lahr, Telefon (07821) 912926	20 in 1 Kurs
Leipzig	Medizinische Berufsfachschule am Universitätsklinikum AöR, Richterstrasse 9-11, 04105 Leipzig, Telefon (0341) 972 51 23	55 in 3 Kursen
Magdeburg	Berufsfachschule der Medizinischen Fakultät der Otto-von-Guericke-Universität, Leipziger Strasse 44, Haus 38, 39120 Magdeburg, Telefon (0391) 671 42 72; Internetadr.: www.uni-magdeburg.de	20 in 1 Kurs
Mainz	Hebammenschule des Klinikums der Johannes-Gutenberg-Universität, Langenbeckstrasse 1, 55131 Mainz, Telefon (06131) 17 3902 (Schulsekretariat), 17 3901, 17 3903, 17 3904	45 in 3 Kursen
Marburg	Hebammenlehranstalt am Medizinischen Zentrum für Frauenheilkunde und Geburtshilfe, Klinikum der Philipps-Univ., 35033 Marburg, Telefon (06421) 28 44 57 und 28 44 09	60 in 3 Kursen

Stadt	Adresse	Ausbildungsplätze
Minden	Frauenklinik/Hebammenschule am Klinikum Minden, Akademisches Lehrkrankenhaus der Westfälischen Wilhelms-Universität Münster, Portastrasse 7-9, 32423 Minden, Telefon (0571) 801-4123 oder 4124	20 pro Kurs
München	Staatl. Berufsfachschule für Hebammen an der Universität, Maistrasse 11, 80337 München, Telefon (089) 51 60-4261	60 in 3 Kursen
Münster	Staatl. Hebammenschule in der Universitäts-Frauenklinik, Domagkstrasse 11, 48149 Münster, Telefon (0251) 835 61 12	30 in 2 Kursen
Oldenburg	Hebammenschule, Städt. Kliniken, Dr.-Eden-Strasse 10, 26133 Oldenburg, Telefon (0441) 403-2290	15 in 1 Kurs
Osnabrück	Hebammenschule Klinikum Osnabrück GmbH, Sedanstrasse 115, 49090 Osnabrück, Telefon (0541) 405-3801	30 in 2 Kursen
Paderborn	Hebammenschule St. Vincenz-Krankenhaus GmbH, Abt. Frauenklinik, Husener Strasse 81, 33098 Paderborn, Telefon (05251) 86/4441	75 (pro Kurs 25)
Rostock	Berufliche Schule "Alexander Schmorell" am Klinikum Südstadt und der Hansestadt Rostock, Schleswiger Strasse 5, 18109 Rostock, Telefon (0381) 77 85 73, Telefax. (0381) 77 85 756	-
Rotenburg	Schulzentrum Diakonissenhaus, Anpassungslehrgänge für Hebammen aus Osteuropa (einjährig), Elise-Averdieck-Strasse 17, 27356 Rotenburg, Telefon (04261) 77 22 51	20 in 1 Kurs
Saarbrücken	Hebammenschule der Caritasklinik St. Theresia, Akademisches Lehrkrankenhaus der Universität des Saarlandes, Rheinstrasse 2, 66113 Saarbrücken, Telefon Schulbüro (0681) 406-2954, Schulsekretariat (0681) 406-1374	18
Speyer	Hebammenschule der Ev. Diakonissenanstalt, Hilgardstrasse 26, 67346 Speyer, Telefon (06232) 22-1440	45 in 3 Kursen
Stuttgart	Hebammenschule an der Städt. Frauenklinik Berg, Obere Strasse 2, 70190 Stuttgart, Telefon (0711) 2632-0, Telefax (0711) 2632-337	54 in 3 Kursen
Thuine	Hebammenschule St. Walburga im Landkreis Emsland, Klosterstrasse 4, 49832 Thuine, Telefon (05902) 951-0/951-508/951-179	15 je Kurs
Tübingen	Staatl. Hebammenschule der Universitäts-Frauenklinik, Schleichstrasse 4, 72076 Tübingen, Telefon (07071) 29-8 22 29, Telefax (07071) 29 53 81	75 in 4 Kursen
Ulm	Universitätsklinikum Ulm, Akademie für medizinische Berufe, Fachrichtung: Hebammen, Frauensteige 14 a, 89075 Ulm, Telefon (0731) 50-27689/27688	39 in 3 Kursen
Villingen-Schwenningen	Hebammenschule im Klinikum, Vöhrenbacher-Strasse 23, 78050 Villingen-Schwenningen, Telefon (07721) 93 17-60/61/62/63, Telefax (07721) 93-1779	45 in 3 Kursen
Wiesbaden	Hebammenschule an der Frauenklinik der Dr.-Horst-Schmidt-Kliniken, Ludwig-Erhard-Strasse 100, 65199 Wiesbaden, Telefon (0611) 43-2839 oder 43-2838, Telefax 43 28 91	15 in 1 Kurs
Wilhelmshaven	Hebammenschule des IFBE am Reinhard-Nieter-Krankenhaus, Friedrich-Paffrath-Strasse 100, 26389 Wilhelmshaven, Telefon (04421) 8920 66, Telefax (04421) 8 12 14	30 in 2 Kursen
Würzburg	Staatl. Berufsfachschule für Hebammen an der Universität, Josef-Schneider-Strasse 4, 97080 Würzburg, Telefon (0931) 201 36 64, Telefax (0931) 201 52 92	48 in 3 Kursen
Wuppertal	Hebammenschule, Kliniken St. Antonius GmbH, Vogelsangstrasse 106, 42109 Wuppertal, Telefon (0202) 299-3750/3760/3761, Sekretariat (0202) 299-3751, Telefax (0202) 299-3715	90 in 3 Jahren (pro Jahr 25-30)